図解 税務調査対応の法的反論マニュアル

弁護士 吉田正毅 著

日本法令®

はしがき

　私は、弁護士を4年半経験した後の平成25年に国税審判官として採用され、以後3年間奉職する機会を得ました。国税審判官に採用されたときは、私のような経験年数の短い弁護士が、20年以上も国税の現場で職務を遂行されてきた職員の方と一緒に仕事ができるのか、はたして役に立てるのであろうかと、とても不安に感じたことを覚えています。

　実際、国税出身の職員の方の税務に対する深い知識と経験には助けられてばかりでしたが、事実と主張を法律的に整理するという視点においては、私の知識や経験が生かされたのではないかと思います。国税出身の職員の方、税理士出身や公認会計士出身の国税審判官の方々は、弁護士や裁判官が普段行っている法的三段論法での考え方にはあまりなじみがなく、結論に至る思考過程を法律に沿って説明することはあまりないようでした。そのため、私などの弁護士出身の国税審判官や、裁判官出身の国税審判官が、法律的に整理する役割を果たしていました。

　平成28年に弁護士に戻ってからも、税務調査の対応をした際に納税者と国税職員の主張を法律的に整理するだけで、国税職員が主張を取り下げて、納税者の意向に沿った修正申告をすることで税務調査が終了するケースがありました。

　このような経験から、税務の実務において法律的に整理することは、特に国税職員と納税者の主張が対立する場面において争点を浮かび上がらせ、国税不服審判所の裁決や裁判所の判決の見通しを踏まえた解決をすることを可能とし、税務事件の適正な解決に資することになると確信しました。

　本書は、上記の問題意識から、主として税理士や経理担当者向けに、税務調査において納税者の主張と国税職員の主張が対立してし

まった場合に、法律的に整理し、訴訟の見通しを踏まえた解決をすることができるように執筆しました。

　もちろん国税不服審判所への審査請求や訴訟に至る場合は、弁護士に依頼した方がよいですが、他方で弁護士費用等を考えると弁護士に依頼することまではしないものの納税者が納得できない場合等、税理士や経理担当者が税務調査において適切に対応しなければならない場面も想定されます。そのような場面において、まずは税理士や経理担当者が、国税職員に対し、本書の考え方を基に法律的に整理した反論をしていただければと思います。

　本書は、これまで税理士会等の研修やセミナーでお話させていただいた内容や、そこでいただいたご質問やご意見などをベースにしています。そのため、本書が税理士や経理担当者の疑問点を意識したものとなっている場合はご質問やご意見をいただいた方のおかげですので、この場を借りて御礼申し上げます。

　本書が、納税者、国税当局の税務実務における法律的な理解を助け、適正な課税処分につながる一助となれば幸いです。

　最後に本書の企画を筆者にご提案いただき編集等に多大なご尽力をいただきました（株）日本法令の水口鳴海氏に、この場を借りて厚く御礼申し上げます。

2022 年 12 月
筆　　　者

第5節

税務調査での対応

第2章

ケーススタディ

凡　例

最判　最高裁判所判決
高判　高等裁判所判決
地判　地方裁判所判決

民集　最高裁判所民事判例集
集民　最高裁判所裁判集（民事）
訟月　訟務月報
税資　税務訴訟資料
判タ　判例タイムズ
判評　判例評論

第1章

税務調査における
法的反論の基本的な手法

本章では、重加算税を題材として、法的反論の基本的な手法をみていきます。

第1節

法律的な考え方入門

第2節

規範の考え方（法律要件〜法令解釈）

第3節

事実認定

第4節

あてはめ（ケーススタディ）

第5節

税務調査での対応

第1節

法律的な考え方入門

1 はじめに

　法人税の税務調査においては、会計帳簿の記載が正しいか否かが問題とされ、帳簿の記載と証憑の照らし合わせで誤りが見つかることも多くあります。

　また実務では、日々多数の取引を会計帳簿に入力しますので、計上時期や金額の転記ミスなどをチェックすることも多く、一つひとつの取引について税法の条文や判例を意識して処理するということはなかなか難しいでしょう。

　あるいは、税務処理を文章で説明する機会は少なく、税務を数字ではなく文章で説明することにすら苦手意識があるという人もいるのではないでしょうか。

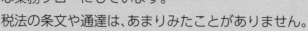

数字の転記ミスなどが起きるため、数字のチェックは気を付けてしていますし、ミスが発生しないような業務フローにしています。
税法の条文や通達は、あまりみたことがありません。

経理担当者

> 通達やタックスアンサーはチェックしますが、裁決や判例をチェックして法律的に整理して文章にすることまでは行えていません。

税理士

　このような業務の中で、国税職員から非違事項の指摘を受けたとき、それに対する反論を組み立てるのは容易ではありません。

> この税務処理は誤っているので、修正申告をしてください。

国税職員

　しかし、憲法84条が「あらたに租税を課し、又は現行の租税を変更するには、法律又は法律の定める条件によることを必要とする。」としているとおり、課税要件は法律によって定められています。また、更正処分の処分理由は、課税要件に沿った文章で説明されますし、その後の再調査の決定、国税不服審判所の裁決、裁判所の判決とも課税要件に沿った文章で説明されます。そのため、更正処分がなされる前の税務調査の段階で、課税要件に沿って法律的に事案を整理することは、その後の裁決や判決の見通しを踏まえて修正申告をすべきか、更正処分として争うかを決めるうえで不可欠といえます。

　実際に、税務調査において、国税職員から指摘された非違事項を法律的に整理するだけで、国税職員の指摘が法律上の要件を満たすには不十分として、修正申告が不要となったケースもありました。

　以下では、重加算税を題材として、法律的な考え方をみていきましょう。

2 法律的な考え方の基本 〜重加算税を題材として〜

（1）法的三段論法

　法律の条文には、その要件と効果が規定されており、その要件に具体的事実をあてはめて、要件を充足する場合に法律効果が発生します。

　法律の要件を明らかとする作業を**法令解釈**といい、その要件にあてはめる事実を認定する作業を**事実認定**、認定した事実を法律要件にあてはめる作業を**あてはめ**といいます。これを、**法的三段論法**といいます。

```
┌─────────────────────────────────────┐
│            法的三段論法               │
│  ┌───────────────────────────────┐  │
│  │ 法令解釈：法律要件（規範）を明らかとする。 │  │
│  └───────────────────────────────┘  │
│               ⬇                      │
│  ┌───────────────────────────────┐  │
│  │ 事実認定：証拠から事実を認定する。      │  │
│  └───────────────────────────────┘  │
│               ⬇                      │
│  ┌───────────────────────────────┐  │
│  │ あてはめ：法律要件に証拠から認定した事実をあてはめる。 │  │
│  └───────────────────────────────┘  │
└─────────────────────────────────────┘
```

（2）法令解釈

　重加算税を題材として、法令解釈についてみていきましょう。

1,000万円の売上の計上漏れがあり、修正申告をしなければならないのですが、国税職員から重加算税を課すと言われていて困っています。
私には脱税の意図はなく、うっかりミスなのです。

納税者

国税職員は、どういった理由で重加算税を課すと言っていましたか？

税理士

悪質だから重加算税とのことです。

納税者

　納税者の話によると、国税職員は、納税者が悪質な納税者であるから重加算税を課すと言っているようです。悪質な納税者だと重加算税を課されてしまうのでしょうか。重加算税の賦課要件を確認してみましょう。

　修正申告の際に課される重加算税は、国税通則法68条1項に以下のとおり規定されています（分かりやすさのためにかっこ書きを省略して引用しています）。

国税通則法

（重加算税）

第68条　第65条第1項（過少申告加算税）の規定に該当する
　　場合（略）において、納税者がその国税の課税標準等又は税
　　額等の計算の基礎となるべき事実の全部又は一部を隠蔽し、

又は仮装し、その隠蔽し、又は仮装したところに基づき納税申告書を提出していたときは、当該納税者に対し、政令で定めるところにより、過少申告加算税の額の計算の基礎となるべき税額（略）に係る過少申告加算税に代え、当該基礎となるべき税額に 100 分の 35 の割合を乗じて計算した金額に相当する重加算税を課する。

　この規定をみると、その重加算税の賦課要件は、①過少申告加算税の規定に該当する場合であること、②納税者が、その国税の課税標準等又は税額等の計算の基礎となるべき事実を隠ぺいし、又は仮装したこと、③上記②の隠ぺいし、又は仮装したところに基づき納税申告書を提出したこと、と整理できます。図示すると次のとおりです。

```
┌─────────────────────────────────────┐
│           重加算税の賦課要件              │
│  ┌─────────────────────────────────┐  │
│  │ ①　過少申告加算税の規定に該当する場合であること │  │
│  └─────────────────────────────────┘  │
│  ┌─────────────────────────────────┐  │
│  │ ②　納税者が、その国税の課税標準等又は税額等の計算の基礎 │  │
│  │    となるべき事実を隠ぺいし、又は仮装したこと       │  │
│  └─────────────────────────────────┘  │
│  ┌─────────────────────────────────┐  │
│  │ ③　上記②の隠ぺいし、又は仮装したところに基づき納税申告 │  │
│  │    書を提出したこと                        │  │
│  └─────────────────────────────────┘  │
└─────────────────────────────────────┘
```

　国税職員から言われたという「悪質な納税者」という理由では、重加算税の賦課要件を満たさないことが分かります。そこで、納税

者がまずすべき対応は、国税職員に対し、上記②の事実の隠ぺい又は仮装行為とは何かを確認することになります。

本件において、事実の隠ぺい行為又は仮装行為とは、どの行為のことを指しているのでしょうか？

納税者

　国税職員が、課税要件を整理したうえで、重加算税を賦課すると言っていたのであれば、隠ぺい行為、仮装行為が直ちに回答されると思われます。他方で、国税職員がその場での回答を避け、後日正式に回答すると伝える場合などもあり、その時点では賦課要件に従った整理を十分にしていない場合もあります。

（3）事実認定

　先ほどの納税者の質問に対し、国税職員は以下のとおり回答しました。

国税職員

1,000万円の売上を記載した裏帳簿があります。このような裏帳簿の隠ぺいは、存在する事実の隠ぺいに該当し、また裏帳簿とは別の帳簿を作成することは、存在しない事実があるようにみせかける事実の仮装にも該当します。

　このような裏帳簿の存在を隠していたとすれば、たしかに売上の事実を隠ぺいしているといえますし、さらにあたかも1,000万円の売上がないかのような帳簿を作成することは事実の仮装といえま

す。そのため、重加算税の賦課要件を満たしますので、重加算税の賦課決定処分は可能です。

一方、このような裏帳簿が存在しない場合、そのような事実は認められないとして、重加算税の賦課決定処分はできないこととなります。この裏帳簿の有無が争いとなったとき、裁判では証拠から裏帳簿の有無を認定することとなります。このように証拠から事実を認定する作業のことを「事実認定」といいます。

（4）あてはめ

上記（1）の納税者の質問に対し、国税職員は以下のとおり回答しました。

国税職員

> 1,000万円を現金で受け取り、普通預金口座に入金していなかったことが、事実の隠ぺいに該当します。

事実の隠ぺいとは、故意に事実を隠すことを意味しますが、現金で支払われたものを普通預金に入金しないことは業務フロー上あり得ることですし、納税者が普通預金に入金しなければならない義務があるわけでもありません。現金勘定で管理している場合もあります。そのため、現金を普通預金に入金しなかったことだけでは、故意に事実を隠したとは評価できません。

この場合、国税職員の主張する事実が認められたとしても、事実の隠ぺい行為、仮装行為とは認められないとして、重加算税の賦課決定処分はできないこととなります。つまり、証拠から認定した事実を賦課要件にあてはめたとしても、賦課要件を満たさず、法律効果が発生しないことになります。

　上記の賦課要件（事実の隠ぺい行為）に認定した事実（1,000万円の売上を現金で受け取り、普通預金に入金しなかった）があてはめられるかを判断する作業を、「あてはめ」といいます。

納税者

税務処理に当たって法的三段論法を説明しているものはみたことがないのですが、法的三段論法は税務調査の場面でも適用されているのですか？
裁判の場面だけではないのですか？

税務調査でも適用されます。およそ法律を適用する全ての場面で法的三段論法が適用されています。そのため、法的三段論法を理解しておくと、応用できる場面が多いですよ。

弁護士

税理士

法的三段論法の法令解釈、事実認定、あてはめに整理することが重要ということですね。

そうです。納税者が不満に思っている点が、法令解釈、事実認定、あてはめのどの点に該当するかを整理することで、それが課税処分の結論に影響を及ぼすものであるのか否かが判断できます。納税者が不満に思っている点が、課税処分の結論に影響を及ぼすと判断できる場合は、しっかりと課税当局に反論していく必要があります。

弁護士

規範の考え方（法律要件～法令解釈）

納税者

ここまでの話によると、事実の隠ぺいや仮装がない場合は、重加算税が課されないのですよね。そうすると、帳簿にはしっかりと損益を記載していて、確定申告書にだけ売上をしっかりと記載しない場合などはどうなるのでしょうか？

疑問に思うところですよね。そのような状況に対応するために法令解釈が存在します。
一緒にみていきましょう。

税理士

1 法令解釈の必要性

　法令（法律や命令を包括して「法令」といいます。）を定めるにあたり、あらゆる場面を想定してあらかじめ条文を用意することは不可能です。

　そのため、法令の条文は抽象的な規定とされ、問題となったケースに具体的に適用するにあたっては、法令の解釈が必要となります。

法令を定める際に、あらゆる場面を想定して、条文を用意できるか？

不可能

条文は抽象的な規定とならざるを得ない

そのため

具体的なケースに法令を適用するには、
抽象的な規定を解釈する必要が生じる

　法令の解釈については、どのような意見を持つことも自由ですので、多くの「法令解釈」がなされています。大学の法学部やロースクールでは、法令解釈について、自由な意見を述べて、あるべき法令解釈を議論して検討します。この法令解釈の検討は、法律学の非常に面白いところです。

法令解釈：この法令の趣旨とは、要件とは、効果とは

どのような意見を持つことも自由

　しかし、実際の裁判においては、裁判所で認められなければ勝てません。そのため、過去の裁判例を参考にすることになります。
　特に最高裁判所の示した法令解釈には、下級審も従わなければなりませんので、法令解釈の中でも特別な地位を占めています。
　また、国税の不服申立ての手続きにおいては、国税不服審判所が

判決に類似した「裁決」という形式で、行政機関の最終判断を示しています。国税不服審判所の裁決で更正処分が取り消された場合、原処分庁は、不服申立てをすることができません。そのため国税不服審判所の裁決も、国税の分野においては特別な地位を占めています。

裁判での法令解釈

裁判所に認められる法令解釈でなければ勝てない

　なお、裁判において、過去の裁決や判決とは異なる法令解釈を主張すること自体は当然できます。しかし、法令解釈の判断が複数の下級審の判決によって異なっているような場合は別として、すでに複数の裁決や判決によって同じ法令解釈が判示されている場合は、裁判ではその法令解釈に従った判断がなされる可能性が高いです。そのため、その法令解釈を変更する必要があるのであれば、なぜ変更する必要があるのかという理由付けを、誰もが納得できるかたちで示す必要があります。

　もう一点、実務上留意すべき点として、弁護士費用など訴訟追行にかかる費用があります。訴訟追行にかかる費用は、依頼者が負担することとなりますので、依頼者からするとその主張が認められる見込みがどの程度あるのかは、訴訟費用を負担して訴訟をするか否かを判断するうえで重要な判断材料になります。そのため、過去の裁判例とは異なる法令解釈を主張する場合、費用面と裁判で認められる可能性を丁寧に説明し、理解をしてもらわなければ、判決で認

められなかった場合に依頼者とトラブルになる可能性があります。

　弁護士が相談を受けた場合、以下のようなやりとりが想定されます。

この法令解釈は、裁判でも認められるのでしょうか？

納税者

【最高裁で判示されている法令解釈の場合】

過去の最高裁判所の判決でも判示されている内容ですので、認められると考えられます。ただ、判例変更の可能性はありますので、その点はご留意ください。

弁護士

【裁判所が判示していない法令解釈の場合】

過去の地方裁判所の判断では、この法令解釈はとられておらず、裁判所で認められる可能性は高いとはいえません。ただ、この法令解釈は、現在の学者の間では有力ですので、裁判所が認める可能性もあります。この法令解釈がとられればこちらに有利な判断となりますので、その点を考慮して訴訟を起こすかどうか、ご検討ください。

弁護士

2 重加算税の法令解釈

（1）隠ぺい行為、仮装行為とは

重加算税の法令解釈とは、どういうものになるのですか？

納税者

重加算税の課税要件としては、事実の隠ぺい行為又は仮装行為とは何かが問題となります。

税理士

　具体的に、重加算税の法令解釈についてみていきましょう。**第1節2（2）**のとおり、重加算税には、事実の隠ぺい行為又は仮装行為という要件があります。

　ある行為が、事実の隠ぺい行為に該当するのか、仮装行為に該当するのかを判断するにあたって、事実の隠ぺい行為とは何か、仮装行為とは何かが問題となります。

　和歌山地判昭和50年6月23日税資82号70頁は、「事実を隠ぺい」するとは、事実を隠匿しあるいは脱漏することを、「事実を仮装」するとは、所得・財産あるいは取引上の名義を装う等事実を歪曲することをいう、と判示しました。

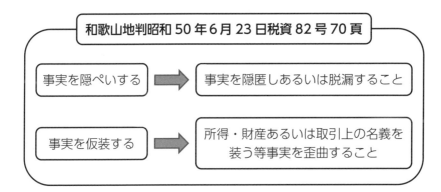

　学説においても、事実の隠ぺいとは、売上除外、証拠書類の廃棄等、課税要件に該当する事実の全部又は一部を隠すことをいい、事実の仮装とは、架空仕入・架空契約書の作成・他人名義の利用等、存在しない課税要件事実が存在するようにみせかけることをいうとされています[1]。

では、ここでクイズです。下記①②のような場合は、それぞれ事実の隠ぺい又は仮装があったといえるでしょうか。
①　土地を減価償却資産として減価償却費を計上した場合
②　借入金の返済を必要経費に算入していた場合

税理士

---

[1]　金子宏『租税法』〔第24版〕914頁（弘文堂、2021）

納税者

①も②も、事実を隠匿したり、脱漏したものではなく、所得・財産や取引上の名義を装ったり、事実の歪曲もしているとは思われません。事実の隠ぺい、仮装のいずれにもあたらないのではないでしょうか。

税理士

正解です。たとえ過少申告をしていたとしても、それだけで重加算税が課されるわけではなく、あくまで事実の隠ぺい行為、仮装行為があるかがポイントになります。

　①も②も税務上の処理としては誤りであり、過少申告の原因となりますが、いずれも事実を隠ぺい・仮装したものとはいえません。したがって、重加算税の要件である事実の隠ぺい行為又は仮装行為はないと判断することができます。

弁護士

実は、もう一つ、事実の隠ぺい行為又は仮装行為に関連して、解釈が問題となり得るポイントがあります。それは、「事実」とは何かという点です。

　重加算税の要件である「事実の隠ぺい又は仮装行為」の「事実」についても、例えば、①税額が「事実」、②総所得金額が「事実」、③所得金額が「事実」、④収入金額及び必要経費が「事実」、⑤勘定科目ごとの金額が「事実」、⑥個々の取引等に係る具体的事実が「事実」とそれぞれ解釈する余地があります[2]。
　①税額が「事実」であるとすると、税額が正確なものと異なって

いれば、重加算税の要件を満たすと考えることになり得ます。したがって、この場合、過少申告の要件を満たしていれば、重加算税の要件である事実の隠ぺい又は仮装行為も満たしていると解する余地があることとなります。④の必要経費が「事実」であるとすると、借入金の返済を必要経費に算入した場合は、本来の必要経費の額を仮装したとして、重加算税の要件を満たすと考えることになり得ます。

　ここで、もう一度国税通則法68条1項の条文（17頁）を確認してみましょう。「その国税の課税標準等又は税額等の計算の基礎となるべき事実」の隠ぺい又は仮装行為が要件とされていることから、①税額は重加算税の要件である「事実」とは解されません。重加算税の制度は、納税者が過少申告をするについて、隠ぺい、仮装という不正手段を用いていた場合に過少申告加算税よりも重い行政上の制裁を科すことによって、悪質な納税義務違反の発生を防止し、もって申告納税制度による適正な徴税の実現を確保しようとするものであることから、過少申告行為そのものとは別に隠ぺい、仮装と評価すべき行為が存在し、これに合わせた過少申告がされたことを要するとされています[3]。したがって、過少申告がされていたとしても、保存されている領収書や請求書、預金通帳などの原始資料から課税標準等や税額等を認定できる場合は、隠ぺい、仮装と評価すべき行為があるとは考えられません。

　そのため、原始資料を評価した後の取引の数字等についての①〜⑤ではなく、⑥個々の取引等に係る具体的事実が「その国税の課税

---

[2]　小林博志「税務行政訴訟における主張責任、証明責任」日本税務研究センター編『税務行政訴訟　日税研論集43号』（日本税務研究センター、2000）136頁参照

[3]　最判平成7年4月28日民集49巻4号1193頁

標準等又は税額等の計算の基礎となるべき事実」と解されます[4]。

（2）積極的な隠ぺい・仮装行為がない場合

納税者

帳簿に損益をしっかりと記載していたにもかかわらず、過少申告を繰り返した事例で重加算税が課された例があると聞いたのですが、隠ぺい行為、仮装行為は何と判断されているのですか？

その事例について、最高裁は隠ぺい行為、仮装行為の概念を拡張解釈したのです。
一緒にみていきましょう。

税理士

最判平成7年4月28日民集49巻4号1193頁

ア　事案の概要

納税者X

株式等の売買により、以下の所得があった。
昭和60年　　　　2,600万円
昭和61年　1億0,800万円
昭和62年　2億1,000万円

雑所得として申告すべきであったが、申告せず。
税理士からの問い合わせにも、課税要件を満たす所得はないと回答。

取引名義を架空としたり、隠し口座を設けたりはしていない（典型的な事実の隠ぺい、仮装行為はなかった）。

---

[4]　拙稿「重加算税―事実の隠ぺい・仮装と税法上の評価誤り（上）―」月刊
税理2016年11月号140頁以下参照

　Xには、株式等の売買により、昭和60年に2,600万円余、同61年に1億800万円余、同62年に2億1,000万円余の所得があり、これらの売買の回数及び株数は、いずれの年分についても、有価証券の譲渡による所得のうち継続的取引から生ずる所得として、当時の所得税法及び所得税法施行令が非課税所得から除外する所得の要件を満たしていました。

　Xは、昭和60年分、同61年分及び同62年分の所得税について確定申告をしましたが、雑所得として申告すべきこれらの株式等の売買による所得を、申告書に全く記載しませんでした。

　しかし、Xは、取引の名義を架空にしたり、その資金の出納のために隠れた預金口座を設けたりするようなことはしていませんでした。

　Xは、これらの所得を雑所得として申告すべきことを熟知しながら、これを申告して納税するつもりがなく、各年分の確定申告書の作成を顧問税理士に依頼した際に、その都度、同税理士から、これらの所得の有無について質問を受け、資料の提示を求められたにもかかわらず、確定的な脱税の意思に基づいて、税理士に対し、課税要件を満たす所得はない旨を答え、株式等の取引に関する資料を全く示しませんでした。

イ　判　旨

　上記のような事案について、最高裁判所は以下のとおり判示します。重加算税の制度趣旨について、重加算税の一般的な要件、新たな要件を示した法令解釈に分けて説明します。

　最高裁判所は、まず重加算税の制度趣旨について、以下のとおり判示します。

重加算税の制度趣旨

　重加算税の制度は、納税者が過少申告をするについて隠ぺい、仮装という不正手段を用いていた場合に、過少申告加算税よりも重い行政上の制裁を科することによって、悪質な納税義務違反の発生を防止し、もって申告納税制度による適正な徴税の実現を確保しようとするものである。

重加算税の一般的な要件

　重加算税を課するためには、納税者のした過少申告行為そのものが隠ぺい、仮装に当たるというだけでは足りず、過少申告行為そのものとは別に、隠ぺい、仮装と評価すべき行為が存在し、これに合わせた過少申告がされたことを要する。

　最高裁判所は、重加算税の制度の趣旨から、重加算税の一般的な要件として、過少申告行為そのものが隠ぺい、仮装に当たるというだけでは重加算税の要件は満たさず、過少申告行為とは別の隠ぺい又は仮装行為が必要と判示しました。

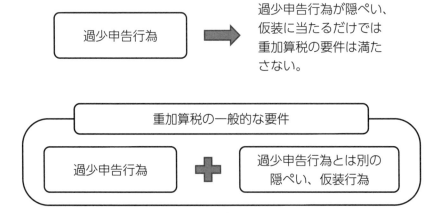

新たな要件を示した法令解釈

　重加算税制度の趣旨にかんがみれば、架空名義の利用や資料の隠匿等の積極的な行為が存在したことまで必要であると解するのは相当でなく、納税者が、当初から所得を過少に申告することを意図し、その意図を外部からもうかがい得る特段の行動をした上、その意図に基づく過少申告をしたような場合には、重加算税の右賦課要件が満たされるものと解すべきである。

　過少申告行為とは別の隠ぺい、仮装行為について、架空名義の利用や資料の隠匿等の積極的な行為は必要でなく、納税者が、当初から所得を過少に申告することを意図し、その意図を外部からもうかがい得る特段の行動をした上、その意図に基づく過少申告をした場合でも重加算税の要件を満たすとしました。

過少申告行為とは別の隠ぺい仮装行為とは

積極的な行為

架空名義の利用
資料の隠匿等

隠ぺい、仮装行為であるが、このような積極的な行為が必ずしも必要というわけではない。

過少申告行為とは別の隠ぺい仮装行為とは

当初より所得過少に申告する意図

その意図を外部からもうかがい得る特段の行動

最高裁判所は、重加算税について、その制度趣旨から法律を解釈することにより、新たな要件を導きだしました。

　これにより、積極的な隠ぺい行為、仮装行為がない場合であっても、当初より所得を過少に申告することを意図し、その意図を外部からもうかがい得る特段の行動をした場合には、重加算税が賦課されるという要件が示されました。

　最高裁判所は、本件でのXの行為は、上記の特段の行動に該当するとして、重加算税の賦課要件を満たすとしました[5]。

（3）小括　～重加算税の賦課要件の整理～

納税者

> 平成7年の最高裁判決によって、積極的な隠ぺい行為、仮装行為がない場合であっても重加算税が賦課される要件が示されたのですね。

> そうです。ここで、重加算税が賦課される要件について、あらためて整理してみましょう。

弁護士

　重加算税の要件は、国税通則法68条1項に定められており、再掲すると以下のとおりです。

---

[5]　なお、具体的にどのような行動が「特段の行動」に該当するのかについてさらに詳しく知りたい方は、拙稿「重加算税―特段の行動の類型―（上）（下）」月刊税理2016年6月号78頁、7月号77頁をご参照ください。

① 　過少申告加算税の規定に該当する場合であること
② 　納税者が、その国税の課税標準等又は税額等の計算の基礎となるべき事実を隠ぺいし、又は仮装したこと
③ 　上記②の隠ぺいし、又は仮装したところに基づき納税申告書を提出したこと

　このうち②の隠ぺいし、又は仮装したことに該当するかについては、以下のとおり解釈されています。ここでは、**事実の隠ぺい、仮装行為の要件**といいます。

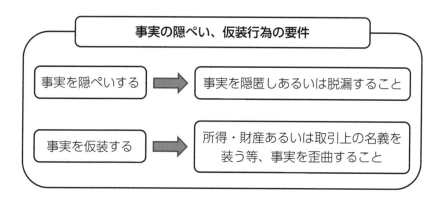

　そして、このような隠ぺい行為や仮装行為がない場合であっても重加算税が賦課される要件として、最高裁は以下のとおり要件を示しました。ここでは、**特段の行動の要件**といいます。

特段の行動の要件
当初より所得過少に申告する意図
✚
その意図を外部からもうかがい得る特段の行動

　したがって、ある納税者の行為が重加算税の賦課要件を満たすかについては、まず、事実の隠ぺい、仮装行為の要件が問題とされているのか、特段の行動の要件が問題とされているのかを整理して検討することになります。

　実際の税務調査での対応をみてみましょう。

国税職員

1,000 万円の売上の計上が漏れていました。重加算税を賦課します。

本件において、重加算税を賦課する要件である隠ぺい行為、又は仮装行為とは何でしょうか？

納税者

　国税職員が、具体的な隠ぺい行為・仮装行為として、二重帳簿や架空の請求書・領収書などを指摘した場合は、「事実の隠ぺい、仮装行為の要件」が問題にされていると整理できます。

国税職員

> 売上が過少となる架空の領収書を作成したことが、事実の仮装行為に該当します。

> この場合は、「事実の隠ぺい、仮装行為の要件」が問題となります。

弁護士

　国税職員が、具体的な隠ぺい行為・仮装行為はないが、本件においては特段の行動があると指摘した場合は、「特段の行動の要件」が問題とされていると整理できます。

国税職員

> 毎年、故意に多額の過少申告をしたことが、当初から所得を過少に申告することを意図し、その意図を外部からもうかがい得る特段の行動をした上、その意図に基づく過少申告をした場合に該当します。

> この場合は、「特段の行動の要件」が問題となります。

弁護士

　そして、それぞれの場合について、国税職員の主張が認められる事実が認定できるのか否かを検討することになります。

```
┌─────────────────────────────────────────────────┐
│              税務調査における対応                │
│  ┌───────────────────────────────────────────┐  │
│  │ 国税職員の主張の確認：隠ぺい行為、仮装行為は何か │  │
│  └───────────────────────────────────────────┘  │
│              どちらの要件の問題か                 │
│           │
│  ┌──────────────────────┐  ┌──────────────────┐  │
│  │ 事実の隠ぺい、仮装行為 │  │ 特段の行動の要件 │  │
│  └──────────────────────┘  └──────────────────┘  │
│    それぞれの要件について、当該要件を満たす事実の有無を確認 │
└─────────────────────────────────────────────────┘
```

このように、まず課税要件を整理し、その要件にあてはまる事実が認定できるかを証拠から判断することになります。

3 リーガルリサーチ

さて、ここまで重加算税を題材として、その法令解釈をみてきました。しかし、実際の税務調査においては重加算税以外の法令解釈も当然問題となるのであり、その場合の法令解釈をどう調べればよいのか分からないという人も少なくないでしょう。

ここでは、法令調査の方法をご紹介します。

（1）条　文

法律要件を確認するためには、まず条文を確認します。

現在の条文については、e-gov 法令検索で確認できます。

e-gov 法令検索

https://elaws.e-gov.go.jp/

　過去の条文を確認する場合は、当時の市販の六法や、有料のデータベースを使用して確認します。

（2）通達、タックスアンサー等

　税法では、国税庁がその解釈を示した通達が制定されています。

　通達は国税庁の web サイトに掲載されていますので、該当する条文の通達を確認します。国税庁が公表した通達以外の法令解釈に関する情報、事務運営指針、質疑応答事例、タックスアンサーなどの税法の要件や効果に関する情報も国税庁のホームページで公表されていますので、合わせて該当する条文に関係する情報を確認します。

 法令解釈通達（国税庁）

https://www.nta.go.jp/law/tsutatsu/menu.htm

 その他法令解釈に関する情報（国税庁）

https://www.nta.go.jp/law/joho-zeikaishaku/sonota/
sonota.htm

 事務運営指針（国税庁）

https://www.nta.go.jp/law/jimu-unei/jimu.htm

質疑応答事例（国税庁）

https://www.nta.go.jp/law/shitsugi/01.htm

 タックスアンサー（国税庁）

https://www.nta.go.jp/taxes/shiraberu/taxanswer/index2.htm

（3）コンメンタール、基本書等

　コンメンタール（逐条解説書）で、該当する条文に関する箇所を確認します。主要な基本書（金子宏先生の『租税法』（弘文堂）や谷口勢津夫先生の『税法基本講義』（弘文堂）など）の該当箇所についても確認し、引用されている文献も確認します。

　最近は、デジタル書籍や雑誌をキーワード検索して必要な情報を調査できる有料のリーガルリサーチサービスも複数ありますので、今後はこれらのサービスも利用して、法律の解釈や要件、効果を確認することになるでしょう。

　立法経緯についても確認する場合は、税制改正の解説や税制調査会の会議資料なども確認します。近年の税制改正については財務省のweb サイト、税制調査会の資料は内閣府のweb サイトでも公表されています。

 毎年度の税制改正（財務省）

https://www.mof.go.jp/tax_policy/tax_reform/index.html

税制調査会（内閣府）

> https://www.cao.go.jp/zei-cho/index.html

　研究論文のうち、税務大学校論叢、税大ジャーナルは、税務大学校のwebサイトで公表されています。税務大学校研究部の研究の成果ですので、国税当局の実務を踏まえたものであり、参考になります。

 税務大学校論叢（国税庁）

> https://www.nta.go.jp/about/organization/ntc/kenkyu/ronso.htm

 税大ジャーナル（国税庁）

> https://www.nta.go.jp/about/organization/ntc/kenkyu/journal.htm

　CiNii（NII学術情報ナビゲータ［サイニィ］）では、論文・図書・雑誌や博士論文などの学術情報を検索できます。
　Webサイトにアップロードされている論文もあります。

 CiNii Research

> https://cir.nii.ac.jp/

　その他、書籍や論文については、大学の図書館や弁護士会の図書館、国立国会図書館などを利用して確認することもあります。

国立国会図書館デジタルコレクションでは、インターネット公開していない資料のうち、絶版などの理由で入手が困難な資料の閲覧が可能です。例えば、本書脚注 2（29頁）の日税研論集 43 号も同サービスで閲覧可能です。

 国立国会図書館デジタルコレクション

> https://dl.ndl.go.jp/

（4）判例調査

　判例や裁決の調査は、有料の判例データベースを使用して行います。判例データベースの事業者によって収録されている裁判例がやや異なりますので、網羅的に調査する場合は、全てのデータベースを調べる必要があります。これらのデータベースでは、その裁判例の解説記事や評釈も列挙されています。判例解説の記事や評釈を確認した上で、その判決の法令解釈の内容や射程について確認します。

　いまは無料で裁判例が公表されている web サイトもあり、これらの web サイトでも裁判例を確認することができます。

　裁判所の裁判例検索は、判決の言い渡しがされた日に判決文が掲載されることもあるなど、速報性が高いです。

 裁判例検索（裁判所）

> https://www.courts.go.jp/app/hanrei_jp/search1

　税務訴訟資料は、租税関係行政・民事事件裁判例のうち国税に関する裁判例を収録したものですので、税務の裁判例を調査するのに適しています。

税務訴訟資料（国税庁）

> https://www.nta.go.jp/about/organization/ntc/
> soshoshiryo/index.htm

　訟務重要判例集データベースは、訟務月報に掲載されている裁判例を検索・閲覧でき、裁判例の解説も閲覧できます。

 訟務重要判例集データベース（法務省）

> https://www.moj.go.jp/shoumu/shoumukouhou/
> shoumu01_00041.html

　国税不服審判所の裁決については、国税不服審判所の web サイトで裁決事例集を閲覧することが可能です。

 公表裁決事例集（国税不服審判所）

> https://www.kfs.go.jp/service/JP/index.html

　国税不服審判所の裁決要旨検索システムでは、非公表裁決についても要旨が公表されているものがあり、またキーワード検索以外に争点番号検索もできるため、問題となっている争点についての裁決要旨の検索が容易にできます。

 裁決要旨検索システム（国税不服審判所）

> https://www.kfs.go.jp/service/RS/index.html

地方税に関する裁決や、行政不服審査会等の答申については、総務省の web サイトで閲覧することが可能です。

 行政不服審査裁決・答申検索データベース（総務省）

https://fufukudb.search.soumu.go.jp/koukai/Main

（5）情報公開請求等

　国税局等に情報公開請求をすることによって、内部文書等の情報を入手することもできます。

　これらの情報公開請求によって得られた情報を収録している税理士情報ネットワークシステムのデータベースが TAINS（タインズ）です。

　国税職員は、裁判例よりも国税当局が出している通達や取扱いを重視しますので、税務調査においては極めて重要な情報となります。また、非公表裁決についても情報公開請求で入手されたものが掲載されているため、極めて有用な情報データベースといえます。

 TAINS

https://www.tains.org/

（6）小　括

　以上のような法令情報を調査し、想定される国税不服審判所の裁決、裁判所の判決の法令解釈、法律要件を整理します。これらの要件を基に、次節の事実認定を検討し、課税要件を満たすかを判断していきます。

納税者

リーガルリサーチは、調査の範囲が広くて大変そうですね。

弁護士

そうですね。とはいえ、法令解釈が違っていれば、事実認定をするまでもなく、異なる結論になってしまいます。そのため、しっかりとリーガルリサーチをすることが重要です。

税理士

税に関する一般的な相談については、各国税局に設置されている国税局電話相談センターにおいて、国税局の職員が回答してくれます。納税者が疑問に思ったことは、まずそこで聞いてみると、法令調査のとっかかりとしてよいかもしれませんね。

第3節

事実認定

1 事実認定とは

　事実認定とは、証拠に基づいて、過去のある時点でどのような事実があったかを認定する作業のことをいいます。

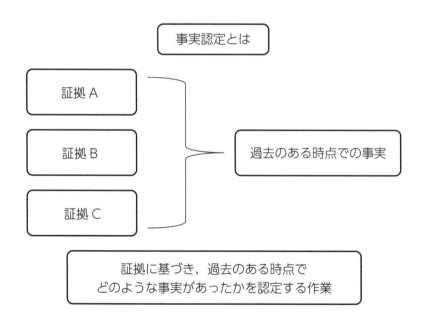

事実認定とは

証拠 A

証拠 B

証拠 C

過去のある時点での事実

証拠に基づき、過去のある時点で
どのような事実があったかを認定する作業

事実認定はなんとなく難しそうに聞こえますね。

納税者

難しそうに聞こえますが、事実認定は、専門的な能力が必要とされるものではなく、皆さんが普段から行っているものです。
具体例を一緒にみていきましょう。

税理士

　例えば、Aさんが4月1日に1万円を持ってでかけて、帰ってきたときには2,000円しか持っていませんでした。Aさんは、8,000円で商品を購入した領収書を持っていました。

　この場合、Aさんは、4月1日に外出して、8,000円の商品を購入したと考えますよね。これは、過去の時点であった事実を認定していることになります。

　その証拠としては、Aさんが持っていた領収書があります。その領収書に基づいて4月1日の事実を認定することとなります。このとき、その領収書の日付が3月15日だった場合は、4月1日に8,000円を使ったのは、その領収書の商品によるものではないということになります。

令和４年４月１日

朝	夕方

１万円を持って外出　　　　　2,000 円を持って帰宅

領収書

令和４年４月１日

8,000 円
商品代として

認定した事実

Aさんは、４月１日に外出して、8,000 円の商品を購入した。

- 領収書の日付が４月１日でなかった場合は？
- １万円を持って外出していなかった場合は？

納税者

たしかに、領収書の日付が３月 15 日だった場合は、事実が違いそうです。このように考えると、事実認定は、推理小説のようで面白いですね。

税理士

そうですね。事実認定の書籍で、シャーロック・ホームズの推理を一つの例として紹介しているものもありますよ。

このように事実認定は、普段から皆さんが行っていますよね。そうすると、事実認定には、なんら専門的な知識もいらないようにも思います。実際、裁判員裁判では、一般の裁判員の方が事実認定をしていますよね。

弁護士

たしかに、一般の方でも事実認定はできます。しかし、裁判における事実認定は、自然科学のように無制限に時間をかけられるわけではなく、また取り調べられる証拠には制限があります。そのため、裁判での事実認定のポイントを押さえておくことは、税務調査においても役立ちます。

2　裁判で認定される事実

　一般の方が「事実」ときくと、「真実であって一つしかないもの」をイメージするのではないでしょうか。もちろん裁判でも真実を追究するのですが、裁判は、時間が限られており、取り調べられる証拠も限られています。そのため、裁判で認定される事実は、裁判所に提出された証拠から推認される高度の蓋然性のある事実となります。つまり、裁判で認定される事実は、絶対的な真実ではない可能性があるものとなっています。

裁判で認定される事実とは

限られた時間と証拠から推認される高度の蓋然性のある事実

必ずしも真実ではない

　したがって、裁判では証拠をどのように整理し、評価するのかが非常に重要です。

3　事実認定の手法

（1）動かしがたい事実

　裁判官は、事実認定の基本的な方法として、証拠の中からいくつか**動かしがたい事実**を見つけ、それに沿うストーリーがどのようなものであるかを検討しています。

証拠 A　　⟹　　**動かしがたい事実**

　動かしがたい事実を点として、ストーリーを線として考えると分かりやすいです。

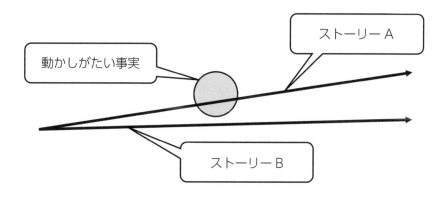

　先ほどの領収書を例にすると、甲株式会社が発行した領収書の記載内容を動かしがたい事実とし、Aさんは、4月1日に外出して、甲株式会社で 8,000 円の商品を購入したというストーリーが、それに合致するものであるかを検討することになります。

　ここで、例えば、甲株式会社が発行した領収書が4月1日付ではなく3月1日付だった場合、Aさんが4月1日に甲株式会社で 8,000 円の商品を購入したストーリーとは矛盾します。その場合、4月1日の購入についての別の証拠の有無を検討したり、実際は4月1日ではなく、3月1日に購入したストーリーが正しいのではないかと検討したりすることになります。

動かしがたい事実はどのように見つけるのですか？

納税者

経験則という法則を使って見つけます。

弁護士

（2）経験則
ア　総　論

　動かしがたい事実を見つけるうえで重要となるのが、**経験則**と呼ばれている法則です。経験則とは、経験から帰納して得られる事物の性状や因果関係等についての知識や法則をいいます[6]。

　例えば、「このような場合は、通常このような結果となる」といったことや、「人間は、このような場合、通常、このような行動をする」といったものです。具体的には、「銀行の取引履歴は、通常であれば、間違いはない」というものや、「人は、通常であれば、10円のものを100万円では買わない」などです。

経験則とは

経験から帰納して得られる事物の性状や因果関係等についての知識や法則

（例）
- 銀行の取引履歴は、通常であれば、間違いはない。
- 人は、通常であれば、10円のものを100万円では買わない。

　先ほどの領収書の例でいえば、甲株式会社の領収書の形式や押印が甲株式会社のものと認められれば、偽造が疑われるような事情がない限り、その記載内容は信用できるであろうという経験則を使って、領収書の記載内容を動かし難い事実としたものです。

---

[6]　司法研修所編『民事訴訟における事実認定』（法曹会、2007）28頁

| 領収書
…
令和4年4月1日
…

8,000円
商品代として | 経験則
→
甲（株）の
領収書の内容は
通常信用できる。 | 認定事実

令和4年4月1日に
甲株式会社に
商品代として
8,000円を
支払った。 |

納税者

日常生活の一般常識のようなものですね。

はい。ただし、この例をみても分かるとおり、当然経験則には例外があります。この例の場合、甲株式会社の領収書が偽造されたものである場合などです。具体的な事情に応じて、修正する必要があることを踏まえたうえで、経験則を適用していく必要があります。

弁護士

　このような経験則は無数にあり、これらの経験則を使って、証拠を検討し、動かし難い事実を見つけていくことが、事実認定においては重要です。

イ　裁判で判示された経験則　〜書証について〜

納税者

裁判で示された経験則はあるのですか？

はい。裁判でも経験則は示されており、これを整理した書籍や論文も多数あります[7]。税務においても役に立つ裁判所が示した経験則を紹介します。

弁護士

　税務においても押さえておくべき最高裁判所が判示した重要な経験則があります。契約書や領収書などの証拠に関する経験則です。

　最判昭和32年10月31日民集11巻10号1779頁は、土地の賃貸に関する念書と金銭出納に関する帳簿について、反対事情の認められない限り、その記載どおりの事実を認めるのが当然である場合に、なんら首肯するに足る理由を示すことなくその書証（文書）を排斥するのは、理由不備の違法があると判断しました。

　また、最判昭和45年11月26日集民101号565頁（以下「昭和45年最判」といいます。）は、土地の売買契約公正証書と領収書について、その記載及び体裁からすれば、別意に解すべき特段の事情が認められない限り、その記載のとおり認めるのが自然であると判断しています。

　これら以外にも、書証について同様の内容を判示する最高裁判決は複数あります[8]。

　したがって、このような書証がある場合、その書証の記載内容と異なる事実認定をするためには、首肯するに足る理由があるかを検討する必要があります。

　ただし、全ての書証について上記の経験則が同様に当てはまるわけではありません。以下の証拠の種類も十分に注意してください。

---

[7]　後藤勇『民事裁判における経験則―その実証的研究―』（判例タイムズ社、1990）、後藤勇『続 民事裁判における経験則―その実証的研究―』（判例タイムズ社、2003）など

（3）証拠の種類

ア　総　論

納税者

> 裁判で取り調べることのできる証拠には、何がある
> のですか？

弁護士

> 文書や検証物をいう物証と、証人などをいう人証が
> あります。

　裁判で取り調べることができる証拠には、文書（書証）や検証物をいう**物証**と、証人や鑑定人、当事者本人をいう**人証**があります。

　税務調査においては、検証や証人尋問などの手続きはないため、文書である書証が主たる証拠となります。また、証人や当事者の供述については、それを書面にして証拠とします。税務署が証拠とする場合は質問応答記録書や調査報告書、納税者側が証拠として提出する場合は、陳述書として証拠とすることになります。

8　最判昭和37年2月22日民集16巻2号350頁、最判昭和39年1月23日集民71号237頁、最判昭和40年2月5日集民77号305頁、最判昭和42年5月23日集民87号467頁、最判昭和43年3月1日集民90号535頁、最判昭和59年3月13日集民141号295頁など。なお、司法研修所編『民事訴訟における事実認定』（法曹会、2007）143頁も「処分証書にあっては、書証の成立が認められれば（形式的証拠力が認められれば）、他に特段の事情がない限り、作成者によって記載どおりの行為がなされたものと認めるべきことになる。」としています。

裁判での証拠の種類	
物証	**人証**
➢ 文書（書証） ➢ 検証物 ※税務調査では、ほとんどの証拠が文書。	➢ 証　人 ➢ 鑑定人 ➢ 当事者本人 ※税務調査では、尋問の手続きはないため、これらの人物が話した内容を書面化して証拠とする。

　以下では、税務においても重要となる書証と人証の特徴を押さえておきましょう。

イ　文書の証拠力（形式的証拠力と実質的証拠力）

文書はどのように信用性を判断するのですか？

納税者

形式的証拠力と実質的証拠力に分けて、その信用性を評価します。

弁護士

　文書の信用性を判断する際、その証拠力は、形式的証拠力と実質的証拠力に分けて考えられています。
　形式的証拠力とは、作成者であるとされる特定人（通常は作成名

義人）の意思に基づいて、その文書が作成されたものであることをいいます。文書の成立に争いがなければ、通常形式的証拠力は有すると判断されます。

　例えば、作成名義人の名前が冒用されたものであるとか、紛失した会社印が使用されたものであるなどの理由で、作成名義人とは異なる者によって作成されたと認定されると、形式的証拠力を有しないと判断されます。形式的証拠力を有する場合、次に実質的証拠力が検討されることとなります。

　実質的証拠力とは、文書の記載内容が、証明すべき事実の証明に役立つ効果をいいます。一般には、証拠価値、証明力などとも呼ばれます。

　実質的証拠力については、文書の種類や証明すべき事実との関係によっても異なりますので、一概にはいえません。その事件全体における、文書の位置づけや作成過程や記載内容を考慮して、裁判官の自由心証によって判断されることとなります。前掲の昭和45年最判は、実質的証拠力についての経験則を示したものです。

```
┌─────────────────────────────┐
│      文書の信用性の判断方法      │
└─────────────────────────────┘

        ┌──────────────┐
        │  形式的証拠力  │
┌───────┴──────────────┴───────────────────┐
│ 作成者であるとされる特定人（通常は作成名義人）の意思に基づいて │
│    その文書が作成されたものであるか否か          │
└───────────────────────────────────────────┘
```

```
        ┌──────────────┐
        │  実質的証拠力  │
┌───────┴──────────────┴───────────────────┐
│  文書の記載内容が、証明すべき事実の証明に役立つ効果  │
└───────────────────────────────────────────┘
```

ウ　処分証書と報告文書

書証には、種類があると聞いたことがありますが、どのような種類に分類されているのですか？

納税者

大きく処分証書と報告文書に分かれています。

弁護士

　書証には、処分証書と報告文書があります。

　処分証書とは、証明しようとする意思表示その他の法律行為が記載されている文書のことをいいます。契約書や手形、解約通知書、遺言書が処分証書に該当します。昭和45年最判は、処分証書である売買契約公正証書について、その記載及び体裁からすれば、別意に解すべき特段の事情が認められない限り、その記載のとおり認めるのが自然であると判断したものです。処分証書については、形式的証拠力が認められれば、実質的証拠力については、この経験則が一般に当てはまると考えられているため、処分証書がある事件の場合は、処分証書を事実認定の中心として考えることになります。

　報告文書とは、処分証書以外の文書で、事実に関する作成者の認識、判断、感想等が記載されたもののことをいいます。領収書、商業帳簿、議事録、日記、診断書、手紙、陳述書などがこれにあたります。昭和45年最判は、領収書について、その記載及び体裁からすれば、別意に解すべき特段の事情が認められない限り、その記載のとおり認めるのが自然であると判断したものです。報告文書であっても、類型的に実質的証拠力が高いものについては、形式的証拠力が認められれば、この経験則が当てはまると考えられます。

書証の種類	
処分証書	**報告文書**
証明しようとする意思表示その他の法律行為が記載されている文書 例 契約書、手形、解約通知書、遺言書	処分証書以外の文書で、事実に関する作成者の認識、判断、感想等が記載されたもの 例 領収書、商業帳簿、議事録、日記、診断書、手紙、陳述書

　報告文書の中でも、以下の各文書は、通常は信用性を有すると考えられています[9]。

通常は信用性を有すると考えられる報告文書
① 公文書
② 私文書のうち、以下に掲げる文書
⑦ 紛争が顕在化する前に作成された文書（取引中にやりとりされた見積書等）
④ 紛争当事者と利害関係にない者が作成した文書（第三者間の手紙等）
⑦ 事実があった時点に近い時期に作成された文書（作業日報等）
④ 記載行為が習慣化されている文書（商業帳簿、カルテ等）
④ 自己に不利益な内容を記載した文書（領収書等）

　報告文書については、形式的証拠力が認められたとしても、その文書の作成者、性質や内容、作成目的、時期などによって、実質的証拠力が異なるため、個別具体的な検討が不可欠といえます。

---

[9]　司法研修所編『事例で考える民事事実認定』（法曹会、2014）37頁

エ 人　証

納税者

人証には、どういった特徴があるのですか？

書証と異なり、内容が固定していません。とはいえ、
時系列に沿って話してもらうことができますので、
事件全体の流れを知るうえで必要不可欠なものです。

弁護士

　税務調査において、証人尋問の手続きはありません。そのため、
証人尋問の特徴ではなく、証人が話した内容を書面化した陳述書に
ついて特徴を押さえておきましょう。

　証人や当事者の話す内容（供述）は、内容が固定しているとは言
い難く、質問の仕方や、証人の性格、話す能力や出来事からの時間
によって、流動的なものとなります。とはいえ、事件の全体の流れ
を知るうえでは不可欠なものです。陳述書にする場合は、時系列に
沿った内容として、分かりやすく説明することができ、動かしがた
い事実とストーリーにおけるストーリー部分を担うことになりま
す。

　税務調査においても、国税職員は、質問応答記録書や調査報告書
で将来の訴訟に備えて、関係者の話を物証化しています。審査請求
手続きにおいても、国税不服審判所は、審判官が関係者と面談して
録取した内容を質問調書として物証化しています。

　このように陳述書についても、重要な証拠として扱われています。
陳述書の実質的証拠力については、客観証拠との矛盾がないか、経
験則に反しないかなどを検討して、その信用性を判断することにな
ります。

4 小　　括

　これまで述べてきたように証拠を整理検討し、法令解釈で明らか
にした要件に該当する事実の有無を判断します。

> 証拠にもいろいろあるのですね。

納税者

弁護士

> そうですね。当事者が証拠があることに気づいてお
> らず、弁護士に話をしてその証拠があることが分か
> り、その証拠を提出して判断が変わるケースもあり
> ます。
> もし、国税職員の言っていることが事実と違う場合
> は、弁護士に相談してみてください。国税職員の事
> 実認定を覆す証拠が見つかるかもしれませんよ。

第4節

あてはめ（ケーススタディ）

納税者

> 最後のあてはめは、どのようにするのでしょうか？

> 認定した事実を法律要件にあてはめます。具体例を
> みた方が分かりやすいので、具体例をみていきま
> しょう。

弁護士

1 はじめに

　これまで、法令解釈と事実認定について述べてきました。最後に認定した事実を法令解釈で明らかとした要件にあてはめます。

　あてはめについては具体的なケースを用いる方が分かりやすいと思いますので、重加算税について判断した東京地判平成18年9月22日税資256号順号10512の判断過程をみていきましょう。事案は複雑ですが、ここでは重加算税の判断に関する部分に絞ってみていきます。

2 事案の概要

　平成12年2月11日、Bが亡くなりました。相続人は、Bの配偶者A、Bの長女X2、二女C、長男X1、三男Dの5名でした。

被相続人B　平成12年2月11日に死去
相続人は以下の5名
　Bの配偶者　A
　Bの長男　X1
　Bの長女　X2
　Bの二女　C
　Bの三男　D（公認会計士・税理士）

亡B

配偶者A　　　長男X1　　　長女X2　　　二女C　　　三男D

　平成12年10月15日、相続人が遺産分割について話し合いました。X1は事前にDとB宅で遺産の確認作業を行い、その内訳を記載したメモ（本件メモ）を作成しました。その話合いの際、X1は、遺産の価額は8億8,000万円であると説明しましたが、その内容はDと確認した財産の全部が網羅されたものではありませんでした。Cは、遺産の全体像を明らかにするように要求しました。

　Dは、X1に残高証明をとってもらうなどして、Bの遺産を分類して整理した明細書（本件明細書）を作成し、平成12年11月5日、相続人の話合いの席で、Cに明細書を交付しました。その明細書の財産を含めると遺産の総額は、約12億2,200万円となっていました。

X1とDがB宅で、遺産の確認
作業を行い、その内訳を記載し
たメモ（本件メモ）を作成

残高証明書等を取得し、Dが遺産
を分類して記載した明細書（本件
明細書）を作成し、Cに交付

```
        本件メモ

       Bの遺産目録

   B 名義財産    ○○
   p 名義財産    ○○
   q 名義財産    ○○


   総額 8 億 8,000 万円
```

```
        本件明細書

       Bの遺産目録

   B 名義財産    ○○
   p 名義財産    ○○
   q 名義財産    ○○
   r 名義財産    ○○

   総額 12 億 2,200 万円
```

　これらの話合いの中で、X1やX2から、B名義でない財産につ
いて、Bの遺産に属さないなどの説明や主張はされませんでした。
　以上の経緯の中で、X1とX2は、平成12年12月11日にB名義
の財産がBの遺産であるとして遺産総額を約4億1,000万円とする
相続税の申告をしました。他方で、CとDは、B名義以外の財産に
ついてもこれをBの遺産に属するものとして、その総額を12億
2,000万円余とする相続税の申告をしました。

X1、X2、AがB名義の財産
がBの遺産であるとして相続
税の申告書を提出

C、Dは、B名義以外の財産に
ついてもBの遺産であるとして
相続税の申告書を提出

```
       相続税の申告書

       Bの遺産目録

   B 名義財産    ○○
   B 名義財産    ○○



   総額 4 億 1,000 万円
```

```
       相続税の申告書

       Bの遺産目録

   B 名義財産    ○○
   p 名義財産    ○○
   q 名義財産    ○○
   r 名義財産    ○○

   総額 12 億 2,000 万円
```

　平成 14 年 10 月 11 日、X1、X2、A は、B 名義の財産で B の遺産から漏れていたものがあるとして、B 名義の遺産を一部追加して、遺産総額を約 4 億 2,000 万円とする修正申告をしました。

　同月 28 日、税務署長は、上記修正申告で増えた税額について、相続財産の一部について、その相続税の計算の基礎となるべき事実の全部又は一部を隠ぺいし、又は仮装をし、その隠ぺい又は仮装したところに基づいて期限内申告書を提出していたものとして、重加算税の賦課決定処分をしました。

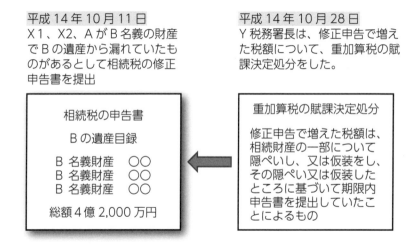

平成 14 年 10 月 11 日
X1、X2、A が B 名義の財産で B の遺産から漏れていたものがあるとして相続税の修正申告書を提出

相続税の申告書

B の遺産目録

B 名義財産　　〇〇
B 名義財産　　〇〇
B 名義財産　　〇〇

総額 4 億 2,000 万円

平成 14 年 10 月 28 日
Y 税務署長は、修正申告で増えた税額について、重加算税の賦課決定処分をした。

重加算税の賦課決定処分

修正申告で増えた税額は、相続財産の一部について隠ぺいし、又は仮装をし、その隠ぺい又は仮装したところに基づいて期限内申告書を提出していたことによるもの

　平成 14 年 10 月 29 日、税務署長は、B 以外の名義の財産についても B の遺産であるとして、遺産総額は約 12 億 7,000 万円とした更正処分をし、増えた税額について、上記と同様に相続財産の一部について、その相続税の計算の基礎となるべき事実の全部又は一部を隠ぺいし、又は仮装し、その隠ぺい又は仮装したところに基づいて期限内申告書を提出していたものとして、重加算税の賦課決定処分をしました。

平成14年10月29日
Y税務署長は、X1、X2、A
に対し、B名義以外の財産も
Bの遺産であるとして更正処
分をした。

平成14年10月29日
Y税務署長は、更正処分で増え
た税額について、重加算税の賦
課決定処分をした。

相続税の更正処分

Bの遺産目録

B 名義財産　　○○
p 名義財産　　○○
q 名義財産　　○○
r 名義財産　　○○

総額12億7,000万円

重加算税の賦課決定処分

更正処分で増えた税額は、
相続財産の一部について
隠ぺいし、又は仮装をし、
その隠ぺい又は仮装した
ところに基づいて期限内
申告書を提出していたこ
とによるもの

3　争　　点

（修正申告で新たに追加した財産についての重加算税）

**B名義の財産を期限内申告の時に隠ぺい、又は仮装したといえる
か。**

（更正処分で新たに追加した財産についての重加算税）

**B以外の名義の財産を期限内申告の時に隠ぺい、又は仮装したと
いえるか。**

4　判　　旨

　裁判所は、重加算税の要件について以下のとおり判示し、それぞ

れについてあてはめをします。

（1）法令解釈

　裁判所は、法令解釈について、以下のとおり判示しました。

重加算税の要件
重加算税を賦課するためには、納税者等が隠ぺい・仮装又はこれに相当する、その意図を外部からもうかがい得る特段の行動をし、これに基づいて過少申告行為を行ったことが要件になる

隠ぺい・仮装行為	又は	特段の行動

　国税通則法68条の文言のとおり、①隠ぺい・仮装行為があるか、又は平成7年最高裁判決が判示した②これに相当するその意図を外部からもうかがい得る特段の行動があるかを、重加算税の要件として判示しています。

　この要件に認定した事実をあてはめていくのですが、修正申告で新たに追加した財産についての重加算税と、更正処分で新たに追加した財産についての重加算税について異なる結論にしています。それぞれみていきましょう。

（2）修正申告で新たに追加した財産についての重加算税

　修正申告で新たに追加したのは、被相続人B名義の財産で期限内申告では遺産として申告していなかったものです。期限内申告において、B名義の財産を除外していたことについて、重加算税の要件を満たすかという点が問題となりました。

　期限内申告において除外されていたB名義の財産について、裁判

所は、本件メモと本件明細書の内容をX1が確認していたことなどからすると、X1は少なくとも期限内申告時において、相続財産を過少に申告することを意図していたものとみることができるとしています。しかし、X1がBの株式保有の事実を認識していたとしても、その名義自体がBのものとされている以上、そこに隠ぺい・仮装があったとみるのは困難というほかないとして、重加算税の要件を満たさないとしました。

① X1は、本件メモと本件明細書の内容を確認していた。
② 本件メモと本件明細書に記載された財産がBの遺産に属すると認識していた。
③ 本件メモは、X1が関与した確認作業の中で作成された。

X1は期限内申告時において、**相続財産を過少に申告することを意図していた。**

しかし

相続財産の**名義自体がBのもの**とされている以上、そこに隠ぺい・仮装があったとみるのは困難というほかない。

修正申告との関係では重加算税の賦課要件を満たさない。

　裁判所は、隠ぺい又は仮装行為に該当する事実が認められないことに加えて、B名義の財産を相続税の申告書から故意に除外しただけでは特段の行動には該当しないと判断しました。法令解釈で示した要件に事実をあてはめた結果、要件には該当しないと判断していることが分かります。故意にB名義の財産を除外して過少申告をした行為は悪質とはいえますが、重加算税の要件を満たすものではないとしたものともいえます。

（3）更正処分で新たに追加した財産についての重加算税

　更正処分で追加されたのは、B以外の名義の財産で期限内申告では遺産として申告していなかったものです。期限内申告で、B以外の名義の財産を除外していたことについて、重加算税の要件を満たすかという点が問題となりました。

　裁判所は、追加されたB以外の名義の財産について、本件メモや本件明細書に記載されていたことを指摘し、これらの財産については、BがB以外の名義として管理しており、Bに帰属することが判明しにくい状態であったこと、その状態をX1において利用し相続税を免れる意図の下に、これらの財産を除外して期限内申告を行ったものと認められるとしました。そして、この場合の直接的な仮装行為というべき他人名義の使用等は被相続人であるBが行っていたものであるが、相続税を免れる意図の下にその状態を利用し、過少申告をした相続人であるX1らとの関係では、重加算税の要件に該当するものとして、X1らが行った仮装行為と評価するのが相当であるとし、重加算税の要件を満たすとしました。

本件メモ	本件明細書
Bの遺産目録	Bの遺産目録
B 名義財産　　○○ p 名義財産　　○○ q 名義財産　　○○	B 名義財産　　　○○ p 名義財産　　　○○ q 名義財産　　　○○ r 名義財産　　　○○
総額8億8,000万円	総額12億2,200万円

　　　※　B以外の名義の財産が記載されていた。

更正処分で追加された財産は、BがB以外の名義として管理しており、Bに帰属することが判明しにくい状態であることをX1において利用し、相続税を免れる意図の下に、これらの財産を除外して期限内申告を行ったものと認められる。

ただし

直接的な仮装行為というべき他人名義の使用等はBが行っていたものである。

しかし

相続税を免れる意図の下にその状態を利用し、過少申告をした相続人であるX1らとの関係では、重加算税の要件に該当するものとして、X1らが行った仮装行為と評価するのが相当である。

重加算税の賦課要件を満たす。

　裁判所は、まず隠ぺい・仮装行為をした者について、Bであって、X1ではないことを指摘します。しかし、Bが他人名義で管理し、Bに帰属することが判明しにくい状態であることを、相続税を免れる意図のもとで利用した場合、それはX1が行った仮装行為と評価するのが相当であるとしました。隠ぺい・仮装行為の要件にあてはめたものと考えられます。

（4）X1に申告手続きをゆだねていたX2とAについて

　次に裁判所は、仮装行為を行ったX1ではなく、そのX1に申告手続きをゆだねていたX2とAについても重加算税の要件を満たすのかを判断しています。国税通則法68条は、納税者が隠ぺい又は仮装行為をした場合について重加算税を課するとしていますが、納税者が委託した者が隠ぺい又は仮装行為をした場合については規定していませんので、法令解釈によって要件を明らかにする必要があ

ります。

裁判所は、この点について、以下のとおり判示しました。

第三者に申告手続きをゆだねた者の責任

第三者に申告手続きをゆだねた者は、ゆだねた相手が隠ぺい・仮装を行い、それに基づいて申告が行われた場合には、重加算税の賦課という行政上の制裁について納税者本人がその責めを負うべきと解すべきである。

この法令解釈に基づいて、相続税の申告手続を全て X1 にゆだねていた X2 と A には重加算税が賦課されるべきであるとしました。

問題の所在

仮装行為を行った X1 ではなく、その X1 に申告手続きを委ねていた X2 と A についても重加算税の要件を満たすのか。

法令解釈

第三者に申告手続きをゆだねた者は、ゆだねた相手が隠ぺい・仮装を行い、それに基づいて申告が行われた場合には、重加算税の賦課という行政上の制裁について納税者本人がその責めを負うべきと解すべきである。

重加算税の賦課要件を満たす。

法律の条文では、申告を委託した場合についてまでは規定されていなかったため、裁判所が解釈によって要件を明らかにしたものといえます。ただし、納税者が隠ぺい・仮装行為について全く知らなかった場合についてまで重加算税を賦課できるのかについては、さらに詳細な検討が必要でしょう。

（5）事実認定についての考察

　事実認定について、判決文から裁判所がどのような証拠からどのような認定をしていったのか、みていきましょう。

　判決では、当初より過少申告の意図を有していたかが争点として判断されています。この当初より過少申告の意図を有していた証拠として、本件メモと本件明細書をあげています。いずれも報告文書ですが、期限内申告の前に作成されていたこと、訴訟当事者ではないDが作成したものであること、本件明細書はCに交付されたものであることから、信用性の高い報告文書と判断され、その内容をX1が当時確認し、認識していたことは、動かしがたい事実として考えられていたものと思われます。

```
┌─────────────────────┐   ┌─────────────────────┐
│      本件メモ        │   │     本件明細書        │
│                     │   │                     │
│    Ｂの遺産目録      │   │    Ｂの遺産目録       │
│                     │   │                     │
│  Ｂ 名義財産  ○○   │   │  Ｂ 名義財産  ○○    │
│  p 名義財産  ○○   │   │  p 名義財産  ○○    │
│  q 名義財産  ○○   │   │  q 名義財産  ○○    │
│                     │   │  r 名義財産  ○○    │
│                     │   │                     │
│  総額8億8,000万円   │   │  総額12億2,200万円   │
└─────────────────────┘   └─────────────────────┘
```

　さらにX1が、贈与はBの一方的意思表示によって成立するものと誤信していたため、B名義以外の財産が相続財産に含まれないとしてしまったが、相続税を免れる意思はなかったという主張をしていたのに対して、①DとCはB名義以外の財産についてもBの遺産に属するものとして総額を12億2,000万円余とする相続税の期限内申告を行っていること、②Dが公認会計士・税理士であって、X1にその申告内容を説明していたこと、③X1は適当な理由をつけて遺産分割の対象となる財産の縮小・限定を謀るなど、Dとの間で申告に関する方針の不一致が鮮明となっていったことがうかがえ

ることを理由に、X1の主張は採用し難いとしました。

　ここでも、ＣとＤがＢ名義以外の財産を含めて相続税の期限内申告を行っていること、Ｄが公認会計士・税理士であることは、いずれも期限内申告書の控えやＤの税理士登録証などの証拠から立証が容易であり、動かしがたい事実として認められるとしてストーリーを検討していったものと考えられます。

　このように証拠から動かしがたい事実を見つけ、それに沿うストーリーを検討して、X1が当初から過少申告を意図していたと認定したものと考えられます。

（6）小　　括

　以上みてきたとおり、実際の事件でも、法令解釈、事実認定、あてはめの法的三段論法によって判断していることが分かります。

　判決を初めてみるときは、どこに何が書いてあるか分からず、理解するのに時間がかかりますが、判決においても法令解釈、事実認定、あてはめが記載されていますので、その部分を読み解くことが重要です。

　税務調査においても、国税職員の指摘内容を法的に整理することで、法令解釈の問題であるのか、事実認定の問題であるのかが分かり、裁判においても同様の判断がされるのかを検討することが可能となります。

　本節では重加算税を題材としましたが、他の法律であっても同様に整理することで、裁判での見通しを踏まえて、税務調査に対応することが可能となります。税務調査で指摘を受けた場合は、ぜひ法律的な整理をして、裁判での見通しを検討してみてください。

第5節

税務調査での対応

税務調査では具体的にどのように対応することとなりますか？

納税者

これまでお話しした内容を踏まえて、税務調査での具体的な対応をみていきましょう。

弁護士

　これまでの法律的な考え方を踏まえたうえで、具体的に国税職員から指摘を受けた場合に、どのように対応するのかをみていきます。

1　国税職員からの指摘内容の理解

　まずは、国税職員から指摘を受けた事項について、該当する法律の条文を確認します。そのうえで、国税職員がどのような要件に該当するとして修正申告等が必要と指摘しているのかを確認します。これは、国税職員が指摘する条文と法令解釈が裁判でも認められるものかを確認するためです。

　税務調査の特徴として、国税職員が、修正申告等が必要であるこ

とを指摘しなければ、その後の不服申立手続や訴訟にまで発展しないという点があります。不服申立ての対象となる処分を決めるのはあくまで国税職員ですので、処分の理由や内容については、国税職員に確認する必要があります。

　例えば、国税職員から重加算税であると言われた場合には、その理由を確認します。「悪質だから」とだけ言われた場合には、隠ぺい行為又は仮装行為は何かを確認するのは必須になります。

　しっかりとメモをとって、国税職員の指摘内容を書面で確認することができればよいでしょう。

2　法令解釈の確認

　国税職員からの指摘内容を把握した後は、国税職員が指摘した法律の条文と法令解釈を確認します。

　その要件について、国税職員の指摘するとおりであるのか、例外はないのか等を調べます。調べ方については、**第2節❸**「リーガルリサーチ」のとおりですが、税法は改正が多いため、行為時に適用される法律を調べることと、改正があった場合は附則なども確認する必要があります。

　また、裁判所の判断も変わりますので、最新の判決をチェックすることも重要です。

> **法律**：行為時の適用法令をチェック

> **判決**：最新判例をチェック

3 事実関係の調査

　また、法令解釈の確認と同時に、国税職員から指摘された事実関係が認められるかを確認します。税務事件の場合、通常納税者が証拠から一番近い距離にいますので、取引関係の証憑やメールや書面のやりとり等、関係する資料を全て確認します。また、関係者からも事情聴取します。

　もし文書が紛失してしまった場合であっても、関係者の話をまとめた陳述書を作成することによって、証拠として国税職員に提出することが可能となります。株式会社の場合、必要であれば、指摘された事項について、社内調査報告書を作成し、取締役会や株主総会で報告させる手続きをとることも考えられます。この場合、社内調査報告書に加えて、当該報告がされた取締役会議事録や株主総会議事録も証拠となり得ます。

4 その他の調査

　以上の調査以外に、国税局や国税庁に対し、行政文書の開示請求をすることによって文書の開示を求めたり、弁護士に依頼して弁護士法23条の2の照会申出をすることにより公務所（官公庁）又は公私の団体（会社等）に対して必要な事項を照会したりすることも考えられます。

　また、専門的な事項が問題となっているのであれば、専門家に意見書を依頼することも考えられます。

5　国税職員に対する応答

　上記**2**〜**4**の調査によって、裁判によっても国税職員の主張が認められるであろうと判断すれば修正申告をし、国税職員の主張に疑問があれば、調査結果を証拠とともに国税職員に伝えて、再検討を促します。再検討の結果、修正申告が不要となれば、税務調査もそこで終了となりますし、他の見解を伝えられた場合は、再度上記**2**〜**4**の調査をして、国税職員に対する応答を検討します。

　これを繰り返し、修正申告をすれば税務調査が終了となりますが、国税職員との見解の違いが解消せず更正処分をされた場合は、さらに不服申立手続きに進むかを、調査結果や更正処分の理由から検討することになります。

不服申立手続きにはどのようなものがあるのですか？

納税者

国税不服審判所長に対する審査請求と、処分を行った税務署長等に対する再調査の請求のいずれかを選択して行うことができます。再調査の請求で更正処分が取り消されなかった場合、さらに審査請求をすることもできます。審査請求の後に再調査の請求をすることはできません。

税理士

納税者

再調査の請求と審査請求は、どちらをした方がよい
のでしょうか。

弁護士

再調査の請求も審査請求も、更正処分が取り消され
た場合、処分を行った税務署長等は不服申立てでき
ません。どちらかの手続きで更正処分が取り消され
ればよいので、再調査の請求をしてから、審査請求
をした方がよいです。

不服申立手続の概要

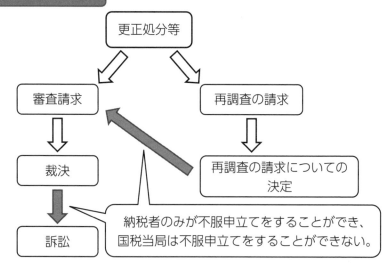

第2章

ケーススタディ

本章では、裁判所の判決や国税不服審判所の裁決を題材として、その法律的な考え方・整理方法を確認し、法令解釈、事実認定、あてはめをどのように論じているのかをみていきます。

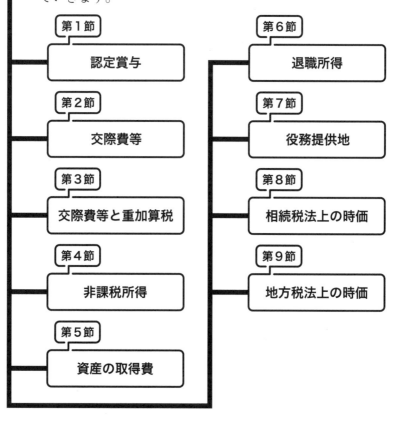

第1節　認定賞与

第2節　交際費等

第3節　交際費等と重加算税

第4節　非課税所得

第5節　資産の取得費

第6節　退職所得

第7節　役務提供地

第8節　相続税法上の時価

第9節　地方税法上の時価

認定賞与（所得税法 28 条 1 項）

1 問題の所在

重加算税とともによく問題となるのが、いわゆる**認定賞与**です。

架空経費の領収書を使って経費を計上していた場合で、その金員を実際には代表者が個人的に消費していた場合、代表者に対する賞与と認定され、所得税法 28 条 1 項の給与所得として所得税が課税され、給与等の支払いをする法人は所得税法 183 条の源泉徴収義務を負います。このような賞与は、納税者が賞与としたものではなく、課税庁が賞与と認定することから、認定賞与といわれます（所得税基本通達 36-9 (4) など）。この場合、法人としては架空経費を否認されて法人税を支払い、同額が代表者の賞与として源泉所得税も支払うこととなり、さらに重加算税も課されるため、その納付税額は極めて多額となります。

そのため、このような事例では、認定賞与の要件をどのように解するかが問題となります。

認定賞与とは

納税者が賞与としたものではなく、課税庁が賞与と認定したもの

　そこで、認定賞与の要件について判示し、課税処分を取り消した東京高判昭和56年6月19日税資117号675頁[10]を取り上げて、その法律的な考え方を紹介します。

2 事案の概要

　Y税務署長は、X社に対し、昭和37年10月10日と昭和38年4月15日にX社の預金（ただし名義はOやI名義の預金（以下「仮名預金」といいます））から払い戻された現金の一部である171万3,237円は、X社の代表者であったAが消費したものであるからAに対する賞与であるとして、源泉所得税の納税告知処分をしました。

　X社は、当該預金の払戻金は、いずれもX社の定期預金等としており、Aが消費したものではないなどとして、納税告知処分の取消しを求めました。

　なお、認定賞与の判断の前に仮名預金がX社の預金であるのか、Aの預金であるのかも争点となっていますが、当該争点の判断につ

---

[10]　上告審である最判昭和57年7月1日税資127号1頁は、原審の判断は正当として、上告を棄却しています。第1審は東京地判昭和52年3月24日税資91号416頁です。

いては省略します。

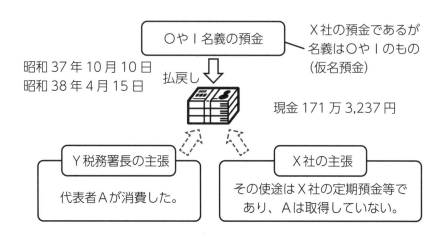

昭和 37 年 10 月 10 日
昭和 38 年 4 月 15 日

○や I 名義の預金

X社の預金であるが
名義は○や I のもの
(仮名預金)

払戻し

現金 171 万 3,237 円

Y 税務署長の主張

代表者 A が消費した。

X 社の主張

その使途は X 社の定期預金等で
あり、A は取得していない。

3 争　点

預金の払戻金は、A の賞与と認められるか。

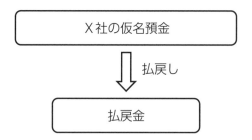

X社の仮名預金

払戻し

払戻金

預金の払戻金を A の賞与と認める要件とは？

4 判　旨

（1）法令解釈

　本件では、X 社が賞与の支払いを決定しているわけではなく、Y 税務署長が、X 社から A に対して賞与の支払いがあったと評価しています。このように賞与として評価できるかが争点になる場合、所得税法 28 条 1 項の賞与と認定するための要件は何かが問題となります。

　裁判所は、A の賞与として認められる要件を以下のとおり判示します。

認定賞与の要件
この預金の払戻金を、代表者個人の認定賞与と認めるには、払戻金を代表者において取得した事実、少なくとも同人において取得したと合理的に推認することができる事実について課税当局においてこれを主張立証する必要がある。

認定賞与の要件

課税庁が主張立証を要する事実

払戻金を代表者において取得した事実
又は取得したと合理的に推認することができる事実

　上記の法令解釈を前提として、代表者個人が取得した事実、又は取得したと合理的に推認することができる事実があるかを検討しています。

（2）事実認定・あてはめ

ア　Y税務署長の主張

　　Y税務署長は、Aは、以下の①〜③のとおりの金員を使用しているところ、当時Aの年収は60万円程度で、扶養家族も5人いたことからそのような金員を使用することは不可能であったため、払戻金をAが取得して①〜③に使用したものであると主張しました。

---

① 甲社に対するAの貸付金

② 乙病院に対するAの貸付金

③ A所有に係るビルの新築資金の担保に設定した定期預金

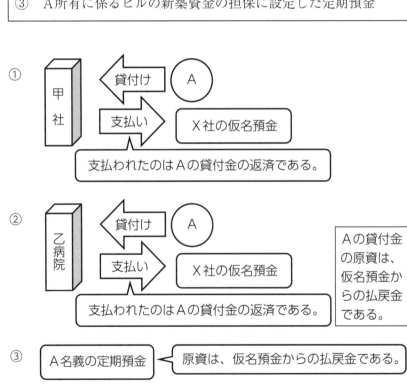

① 甲社 ← 貸付け ← A ／ 甲社 → 支払い → X社の仮名預金

支払われたのはAの貸付金の返済である。

② 乙病院 ← 貸付け ← A ／ 乙病院 → 支払い → X社の仮名預金

支払われたのはAの貸付金の返済である。

Aの貸付金の原資は、仮名預金からの払戻金である。

③ A名義の定期預金 ← 原資は、仮名預金からの払戻金である。

イ　裁判所の認定

　裁判所は、上記①～③について、それぞれ以下のとおり認定しました。

> ### ①甲社に対するＡの貸付金
>
> 昭和38年8月24日に51万円、同月27日に100万円が、いずれも甲社が振り出した小切手でＸ社の仮名預金に入金されたことが認められるが（しかし、その後に小切手が不渡りとなったため、いずれも入金取消の訂正がなされた。）、その入金が、払戻金によるＡの甲社に対する貸付金の弁済としてなされたという点について、その推認の根拠が必ずしも十分とはいえず、他にこれを認めるに足りる証拠はない。むしろ、貸付金の弁済金がＸ社の仮名預金に入金されていることとなり、代表者Ａ個人の資金による貸付金の弁済金と推認することは困難である。

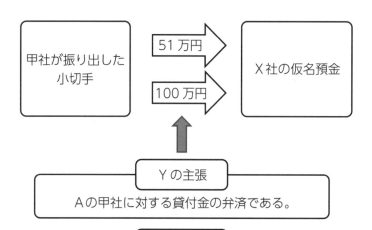

②乙病院に対するＡの貸付金

昭和38年2月11日に20万円がＸ社の仮名預金に入金されていることが認められるが、当該入金がＡ個人の貸付金の弁済であると推認することは困難である。

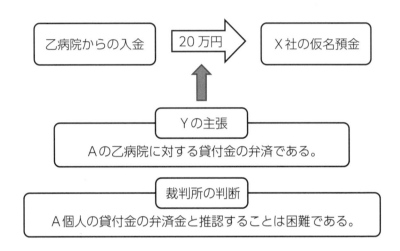

乙病院からの入金 **20万円** → Ｘ社の仮名預金

Ｙの主張

Ａの乙病院に対する貸付金の弁済である。

裁判所の判断

Ａ個人の貸付金の弁済金と推認することは困難である。

③Ａ所有に係るビルの新築資金の担保に設定した定期預金

昭和38年12月25日に200万円、昭和39年3月18日に300万円の2口のＡ名義の定期預金が設定されたことが認められるが、仮名預金の払戻しがなされた昭和37年10月又は昭和38年4月からすると、8か月ないし1年以上も後に設定されたものであり、これらの定期預金の原資が何であったか明らかでないとはいえ、その間の払戻金の管理が明確にされない限り、たやすく払戻金をもって定期預金を設定したものと推認することはできない。

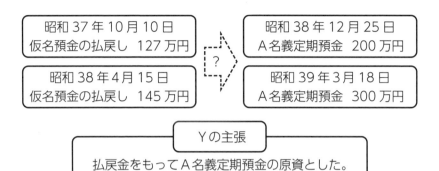

裁判所は、以上のとおり認定し、結論として、払戻金の使途は不明であり、代表者が取得し、消費したものと認めるには足りず、認定賞与とは認められないとしました。

5　コメント

本件は、結局Xが主張する使途とも認定できず、払戻金は使途が不明として、認定賞与とは認められないとされました。ただし、判決が認定した事実関係の下で、Xの実質的経営者であるAが仮名預金を支配管理している場合に、その預金が払い戻され、かつ、それが法人のために使用されたことが明らかでない場合は、他に特段の事情がない限り、実質的経営者がその払戻金を取得したと推認する

のが経験則に沿うのではないだろうかという批判もされています[11]。そのため、この判決は、役員賞与と認定をするにあたっては、課税当局側に厳しい立証責任を課したものと理解する見解もあります[12]。

　現在では、法人がした金銭の支出のうち、相当の理由がなく、その相手方の氏名又は名称及び住所又は所在地並びにその事由を当該法人の帳簿書類に記載していないものは、使途秘匿金として支出の額の40％が法人税として課税されることとなったため（租税特別措置法62条）、本件のように払戻金の使途を明らかにできないようなケースは使途秘匿金として課税される可能性があります。

　他方で、代表者以外に支出されているにもかかわらず、認定賞与との指摘を受けた場合は、本件の法令解釈を確認し、代表者が取得した事実、又は取得したと合理的に推認することができる事実がないとして、認定賞与の指摘は誤りであると反論することが可能となります。本判決の地裁判決（東京地判昭和52年3月24日税資91号416頁）は、さいたま地判平成19年3月14日税資257号順号10653においても参照裁判例として引用されており、現在でも認定賞与の法令解釈の先例として価値を有しているものと考えられます。

---

[11]　堺澤良「判批」ジュリスト788号（1983）116頁、法務省訟務局内行政判例研究会編『昭和56年行政関係判例解説』〔小川英明〕309頁（ぎょうせい、1983）も参照。訟月27巻10号（1981）1791頁に本件の上告理由書が同種事案の処理の参考になるとして掲載されています。
[12]　日本税理士会連合会編『税務署の判断と裁判所の判断―逆転判決の研究―』〔山田二郎〕456頁（六法出版社、1986）

6 税務調査での対応

　税務調査において、国税職員から認定賞与に該当すると言われた場合、本ケースの法令解釈を確認し、代表者が当該金員を受け取っているのかを確認することになります。代表者が当該金員を受け取っていなければ認定賞与にはなりませんので、その場合、代表者が当該金員を受け取っていないことを主張立証していくことになります。具体的には、認定賞与とされる金員の具体的な使途や支払先を明らかにする証拠を提出することになります。使途や支払先までは分からなかったとしても、少なくとも当時代表者が受け取っていなかったとして代表者の口座の取引履歴などを提出することも考えられます。

国税職員

架空経費は、認定賞与になります。
源泉所得税を徴収して納付してください。

架空経費については、大変申し訳ありませんでした。今後はこのようなことがないようにいたします。ただ、その金員を私（代表者）が受け取った事実はありません。この場合、私に対する賞与にはならないのではないでしょうか。

代表者

　また本ケースでは、代表者が受け取っているか否かが問題となりましたが、代表者が受け取っていたとしても、例えば、会社経費の立替分の精算金であるとか、代表者の口座に入金されているが、そ

のまま取引先の支払いに充てられている場合などは、代表者の賞与ではないと反論することも考えられます。

代表者口座へ入金された金員は、認定賞与になります。
源泉所得税を徴収して納付してください。

国税職員

当該金員は、そのまま会社の取引先への業務委託料として支払ったもので、私が個人的に消費したものではありません。賞与ではありません。

代表者

　いずれの場合も、金員の流れが明らかであれば、賞与であるか否かは明確になります。まず、金員の具体的な使途や支払先をしっかりと調査することが重要です。

交際費等
（租税特別措置法61条の４）

1 問題の所在

交際費等も、重加算税と合わせて問題になることがあります。

租税特別措置法61条の４第６項は、交際費等とは、交際費、接待費、機密費その他の費用で、法人が、その得意先、仕入先その他事業に関係のある者等に対する接待、供応、慰安、贈答その他これらに類する行為のために支出するものをいうと定義し、同条１項及び２項で、法人の資本金等の額により、損金の額に算入できる金額を定めています。

交際費等とは

交際費、接待費、機密費その他の費用で、法人が、その得意先、
仕入先その他事業に関係のある者等に対する接待、
供応、慰安、贈答その他これらに類する行為のために支出するもの

この交際費等について、そもそも交際費等に該当しないものを交際費等として損金に算入した、あるいは交際費等に該当し損金に算入できないのに損金に算入したとして、税務署から指摘を受け、争訟に発展することがあります。そのため、このような事例では、ど

のような支出が交際費等に該当するか、その要件が問題となります。

　そこで、交際費等の要件について判示した東京高判平成 15 年 9 月 9 日判タ 1145 号 141 頁を取り上げて、その法律的な考え方を紹介します。

2 事案の概要

　製薬会社であるＸ社は、その医薬品を販売している大学病院の医師等から、その発表する医学論文が海外の雑誌に掲載されるようにするための英訳文について、英文添削の依頼を受け、アメリカの添削業者に外注していました（本件英文添削）。

　Ｘ社は、医師等からは国内業者の平均的な英文添削の料金を徴収していましたが、外注業者にはその 3 倍以上の料金を支払い、その差額を負担していました（本件負担額）。

　その差額について、Ｙ税務署長は、医師等がＸ社の事業に関係ある者に該当し、その差額の支出目的が医師等に対する接待等のためであり、本件負担額は交際費に該当するとし、損金に算入されないとして、更正処分をしました。

　Ｘ社が、本件負担額は、寄附金であり、損金の額に算入されるとして、更正処分の取消しを求めました。

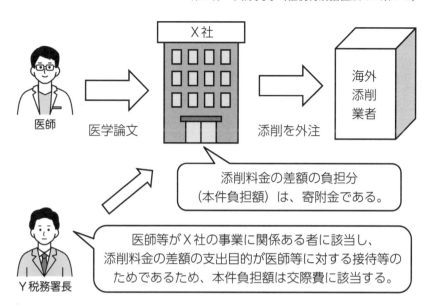

添削料金の差額の負担分
（本件負担額）は、寄附金である。

医師等がX社の事業に関係ある者に該当し、
添削料金の差額の支出目的が医師等に対する接待等の
ためであるため、本件負担額は交際費に該当する。

3 争　点

本件負担額が、租税特別措置法61条の4が規定する交際費等に該当するか。

4 判　旨

（1）法令解釈

　裁判所は、交際費該当性について、以下の3つの要件を満たすことが必要であると判示しました。

交際費該当性
当該支出が「交際費等」に該当するというためには、①「支出の相手方」が事業に関係ある者等であり、②「支出の目的」が事業関係者等との間の親睦の度を密にして取引関係の円滑な進行を図ることであるとともに、③「行為の形態」が接待、供応、慰安、贈答その他これらに類する行為であること、の三要件を満たすことが必要であると解される。

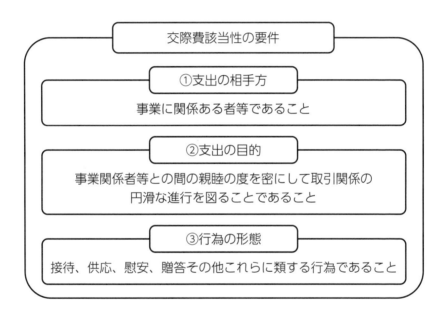

交際費該当性の要件

①支出の相手方

事業に関係ある者等であること

②支出の目的

事業関係者等との間の親睦の度を密にして取引関係の
円滑な進行を図ることであること

③行為の形態

接待、供応、慰安、贈答その他これらに類する行為であること

　支出の目的が接待等のためであるか否かについては、以下のとおり判示しました。

支出の目的が接待等のためであるか否かの判断方法
当該支出の動機、金額、態様、効果等の具体的事情を総合的に判断して決すべきである。

　また、学説等では必要という見解も示されていた支出金額の必要性や過大性の要件については、下記のとおり、明示的に不要と判断しました。

支出金額の必要性や過大性の要件
接待、供応、慰安、贈答その他これらに類する行為であれば、それ以上に支出金額が高額なものであることや、その支出が不必要（冗費）あるいは過大（濫費）なものであることまでが必要とされるものではない。

　上記の法令解釈を前提として、本件負担金につき、①支出の相手方について、②支出目的について、③接待、供応、慰安、贈答その他これらに類する行為といえるか、についてそれぞれ検討・判断しています。

（2）事実認定・あてはめ

　本件では、主として事実の評価、あてはめが問題となっています。以下でそれぞれについてみていきましょう。

ア　支出の相手方

　裁判所は、①X社は主として医家向医薬品の製造、販売を事業内容とする株式会社であること、②医師は医業を独占し（医師法17条）、患者に対する薬剤の処方や投与は医業に含まれること（医師

法22条）の2点を指摘し、医師は、X社のような製薬会社にとって「事業に関係のある者」に該当すると判断しました。

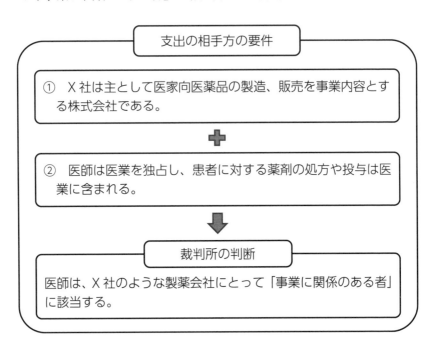

ただし、研修医や大学院生、留学生なども支出の相手方に含まれていたことについて、全体としてみて「事業に関係のある者」に該当する可能性は否定できないとしながら、支出の目的と行為形態が交際費等の要件に該当するかが本件の主たる問題点であるとして、最終的判断はひとまずおいて、判断を進めるとしました。

イ　支出目的

裁判所は、本件英文添削がなされるに至った経緯と動機について詳細に事実を認定し、その支出の目的について、①本件英文添削は、若手の研究者らの研究発表を支援する目的で始まったものであり、その差額負担が発生してからも、そのような目的に基本的な変容は

なかったこと、②本件負担額は、それ自体をみれば相当に多額なものではあるが、その一件当たりの金額や、Ｘ社の事業収入全体の中で占める割合は決して高いものとはいえないこと、③本件英文添削の依頼者は、主として若手の講師や助手であり、Ｘ社の取引との結びつきは決して強いものではないこと、④その態様も学術論文の英文添削の費用の一部の補助であるし、それが功を奏して雑誌掲載という成果を得られるものはその中のごく一部であることを指摘し、事業関係者との親睦の度を密にし、取引関係の円滑な進行を図るという接待等の目的でなされたと認めることは困難としました。

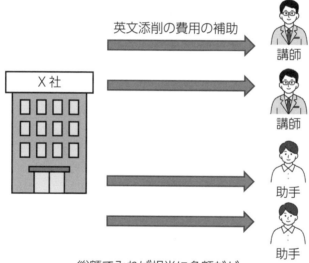

総額でみれば相当に多額だが、
一件当たりの金額は高いものとはいえない

支出の目的の要件

判断方法

当該支出の**動機**、**金額**、**態様**、**効果**等の具体的事情を総合的に判断する。

動機

若手の研究者らの研究発表を支援する目的で始まったものであり、その差額負担が発生してからも、そのような目的に基本的な変容はなかった。

金額

それ自体をみれば相当に多額なものではあるが、その一件当たりの金額や、Ｘ社の事業収入全体の中で占める割合は決して高いものとはいえない。

態様

依頼者は、主として若手の講師や助手であり、Ｘ社の取引との結びつきは決して強いものではない。学術論文の英文添削の費用の一部の補助である。

効果

効を奏して雑誌掲載という成果を得られるものはその中のごく一部である。

裁判所の判断

事業関係者との親睦の度を密にし、取引関係の円滑な進行を図るという接待等の目的でなされたと認めることは困難である。

ウ　接待、供応、慰安、贈答その他これらに類する行為といえるか否か

　裁判所は、まず、交際費制度の趣旨について、以下のとおり判示しました。

交際費課税制度の趣旨

交際費は、企業会計上は費用であって、本来は課税の対象とならない支出に属するものである。それについて損金不算入の措置がとられているのは、交際費は、人間の種々の欲望を満たす支出であるため、それが非課税であれば、無駄に多額に支出され、企業の資本蓄積が阻害されるおそれがあること、また、営利の追求のあまり不当な支出によって、公正な取引が阻害され、ひいては価格形成に歪み等が生じること、さらに、交際費で受益する者のみが免税で利益を得ることに対する国民一般の不公平感を防止する必要があることなどによるものである。

　上記の趣旨を踏まえて、接待等に該当する行為とは、一般的にみて、相手方の快楽追求欲、金銭や物品の所有欲などを満足させる行為をいうと解されると判示しました。

　そして、本件英文添削の差額負担については、①通常の接待、供応、慰安、贈答などとは異なり、それ自体が直接相手方の歓心を買えるというような性質の行為ではなく、むしろ学術奨励という意味合いが強いこと、②その具体的態様等からしても、金銭の贈答と同視できるような性質のものではなく、また、研究者らの名誉欲等の充足に結びつく面も希薄なものであることを指摘して、接待、供応、慰安、贈答その他これらに類する行為をある程度広げて解釈したとしても、本件英文添削の差額負担がそれに該当すると解するのは困難であるとしました。

> ### 行為の形態の要件
>
> > #### 接待等に該当する行為とは
> >
> > 一般的にみて、相手方の快楽追求欲、金銭や物品の所有欲など
> > を満足させる行為をいう。
>
> > #### 本件英文添削の差額負担
> >
> > ① それ自体が直接相手方の歓心を買えるというような性質の
> > 行為ではなく、むしろ学術奨励という意味合いが強い。
> > ② その具体的態様等からしても、金銭の贈答と同視できるよ
> > うな性質のものではなく、また、研究者らの名誉欲等の充足
> > に結びつく面も希薄なものである。
>
>
>
> > #### 裁判所の判断
> >
> > 本件英文添削の差額負担が、接待、供応、慰安、贈答その他こ
> > れらに類する行為に当たるとすることは困難である。

5 コメント

　裁判所は、交際費等の要件を3つの要件と明示し、それぞれについて、事実を認定してあてはめを行っています。このうち支出目的の判断方法についてはさらに詳細に判示し、また、接待等に該当する行為についても交際費課税制度の趣旨から詳細な判示をしています。事実の有無について大きな争いとはなっていませんが、あては

めにおける事実の評価が問題となっていることが分かります。なお、第1審[13]は、交際費等の要件を①支出が「事業に関係ある者」のためにするものであるか否か、及び②支出の目的が接待等を意図するものであるか否かが検討されるべきとし、本件負担金は、Xが本件英文添削を取引先の医師等に提供するために必要な費用として、医薬品の販売に係る取引関係を円滑に進行する目的で支出したものであると認定して、交際費等に該当するとしています。

　このように裁判所によって法律の要件が異なり、また事実の評価が変わって、結論を異にする場合もあります。ただそのような場合であっても、法令解釈と事実認定とあてはめをして、結論を導き出しており、どこで判断が異なっているのかが分かるようになっています。税務調査で事案を分析する際には、法令解釈と事実認定とあてはめに整理すると、どの点が国税職員と意見が違うのかがよく分かります。

　以上みてきたとおり、交際費等該当性の判断は、支出の目的や行為態様について、詳細な事実関係が考慮されるため、事案によっては非常に難しいものとなっています。このような判断の難しさなどから、立法による明確化が不可欠とする見解もあります[14]。

6　税務調査での対応

　税務調査において、国税職員から交際費等に該当するとの指摘を受けた場合、本ケースの3要件を確認し、まず、国税職員が交際費

---

[13]　東京地判平成14年9月13日税資252号順号9189
[14]　田中治「判批」判評550号（2004）180頁

等に該当すると判断した理由を確認します。次に、国税職員の主張する理由が3要件を満たすのか、国税職員の主張する事実が認められるのかをそれぞれ検討することになります。

本ケースのように交際費等が典型的な飲食費や手土産等ではない場合、支払いの動機、支払先の情報や支払ったことによる接待等への効果などを調査し、証拠として提出していくことになるでしょう。

国税職員

A社に対する支払いは、交際費等に該当しますので、損金に算入することはできません。

経理担当者

A社に対する支払いには、相手方Bに対する接待の意図はなく、学術奨励を主目的としています。そのため、交際費等の要件は満たしません。この支払いは、寄附金に該当すると考えています。A社の企業情報と支払った金員の用途の詳細を提示しますので、学術奨励の効果があることを説明させてください。

典型的な飲食費であっても、その支出する金額を飲食等に参加した者の数で割って計算した金額が5,000円以下である場合は、交際費等の額から除かれます（租税特別措置法61条の4第6項2号、租税特別措置法施行令37条の5第1項）。そのため、交際費等と指摘を受けた場合も、一人当たりが5,000円以下であると反論することができます。

ただし、①飲食等のあった年月日、②飲食等に参加した得意先、仕入先その他事業に関係のある者等の氏名又は名称及びその関係、

③飲食等に参加した者の数、④その飲食等に要した費用の額、飲食店等の名称及び所在地（店舗がない等の理由で名称又は所在地が明らかでないときは、領収書等に記載された支払先の氏名又は名称、住所等）、⑤その他飲食等に要した費用であることを明らかにするために必要な事項を記載した書面を保存していることが要件になりますので、当該書類の提示も必要になります（租税特別措置法61条の4第8項、租税特別措置法施行規則21条の18の4）。

この飲食費は交際費等に該当しますので、損金に算入することはできません。

国税職員

これは、一人当たり5000円以下の飲食費ですので、交際費等には該当しないと考えています。

経理担当者

その場合、飲食等に参加した者の氏名等が記載された書面が必要になりますが、ありますか？

国税職員

こちらの書面になります。確認してください。

経理担当者

　また、交際費に該当しない費用として、①カレンダー、手帳、扇子、うちわ、手ぬぐいその他これらに類する物品を贈与するために通常要する費用、②会議に関連して、茶菓、弁当その他これらに類

する飲食物を供与するために通常要する費用、③新聞、雑誌等の出版物又は放送番組を編集するために行われる座談会その他記事の収集のために、又は放送のための取材に通常要する費用が列挙されています（租税特別措置法 61 条の 4 第 6 項 3 号、租税特別措置法施行令 37 条の 5 第 2 項）。これらの費用に該当する場合も交際費等に該当しないとして主張することが考えられます。

国税職員

> この飲食物は、取引先に対する手土産ですので、交際費等に該当します。

> これらは、会議のための茶菓になりますので、交際費等には該当しないと考えています。当該茶菓が提供された会議と出席者のメモがありますので、提出します。

経理担当者

交際費等については、租税特別措置法 61 条の 4、租税特別措置法施行令 37 条の 5、租税特別措置法施行規則 21 条の 18 の 4 で詳細に規定されていますので、条文をしっかりと確認して、その要件を理解しておくとよいでしょう。

交際費等と重加算税

1 問題の所在

第2節で述べたとおり、交際費等該当性の判断は、事案によっては非常に難しいものになります。しかし、実務では、交際費等に該当しないにもかかわらず、交際費として総勘定元帳の交際費勘定等に計上し、法人税法上の損金の額に計上したことが、仮装に該当するとして、重加算税が賦課されるケースもあります。この場合、交際費に該当しないことを分かったうえで、損金に計上したといえるかという事実認定が問題になります。

そこで、個人的な費用を故意に交際費に計上していたとして重加算税が賦課されたことが争われた国税不服審判所裁決平成30年9月21日裁決事例集No.112を取り上げて、その事実認定の考え方を紹介します。

2 事案の概要

X社は、現金や銀行振込、X社の代表取締役Eの個人名義の複数クレジットカード（本件各カード）で支払われた飲食等の代金（本

件各飲食等代金）を、総勘定元帳の交際費勘定等に計上していました。Y税務署の職員が、X社の税務調査において、交際費勘定等に計上した金額は、Eの個人的な飲食等に係る金額であるため、損金の額に算入されないと指摘したことから、X社は、指摘に応じた修正申告をしました。

Y税務署長は、Eは、本件各飲食等代金については、その全てがE代表個人で利用したものに係る支出の額であり、X社の費用として計上できないものであると認識しながら、X社の経理担当者に指示して、本件各飲食等代金を本件各費用勘定にX社の費用として計上し、損金の額に算入したという隠ぺい又は仮装の事実があったとして、法人税等の重加算税の賦課決定処分をしたため、X社は、重加算税の賦課決定処分の取消しを求めました。

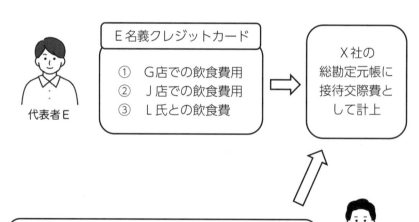

代表者E

E名義クレジットカード

① G店での飲食費用
② J店での飲食費用
③ L氏との飲食費

X社の総勘定元帳に接待交際費として計上

X社の費用として計上できないものであると認識しながら、X社の経理担当者に指示して、総勘定元帳にX社の費用として計上した。

Y税務署長

3 争　点

国税通則法68条1項に規定する隠ぺい又は仮装の事実はあるか
否か。

4 判　旨

（1）法令解釈

　審判所は、国税通則法68条1項の隠ぺい・仮装の意義について、
これまで裁判所等で示されてきた法令解釈と同様に、以下のとおり
判示します。

隠ぺい・仮装の意義
ここでいう「事実を隠ぺいする」とは、課税標準等又は税額等の計算の基礎となる事実について、これを隠ぺいし又は故意に脱漏することをいい、また、「事実を仮装する」とは、所得、財産あるいは取引上の名義等に関し、あたかも、それが真実であるかのように装う等、故意に事実をわい曲することをいうものと解するのが相当である。

（2）事実認定・あてはめ

　審判所は、上記の法令解釈を基に、隠ぺい又は仮装があったかについて、クレジットカードの利用明細に記載された飲食等代金の利用店舗ごとに証拠を詳しく検討していきます。さらに、Eの申述の

信用性についても判断しています。

ア　G店の利用状況

　審判所は、G店の利用状況について、Y税務署所属の調査担当職員の臨場調査の結果として、以下の事実が認められるとします。

審判所の認定した事実
本件各カードの利用明細書に記載された飲食店等のうち、「G店」を経営しているH社に保管されていた「御勘定明細書」のうち、「氏名」欄に「E」と記載があるものが16件あり、このうち、「人数」欄に「1名」と記載があるものが14件、「2名」と記載があるものが2件あった。

御勘定明細書
氏名　E
人数　2名

H社に保管されていた
G店の御勘定明細書
氏名欄に「E」　16件
人数欄　1名　14件
人数欄　2名　2件

　審判所は上記の事実を前提として、以下のとおり判断します。

審判所の判断
「G店」の「御勘定明細書」のうち、「人数」欄に「1名」と記載があるものが14件認められるものの、その利用の目的・態様は明らかではなく、当該店舗の全ての利用がE代表の個人的な飲食等であることを裏付ける証拠は認められない。そうすると、「G店」の利用状況をもって、本件各飲食等代金について、その全てがE代表の個人的な飲食等に係る金額であると認めるには足りない。

イ　J店の利用状況

　審判所は、J店の利用状況について、再調査審理庁職員の臨場調査の結果として以下の事実が認められるとします。

審判所の認定した事実
本件各カードの利用明細書に記載された飲食店等のうち、「J店」を経営しているK社に保管されていた「御勘定明細書」のうち、「得意先」欄に「E」と記載がある「御勘定明細書」が8件あり、その「人数」欄には、全て複数の人数が記載されていた。

御勘定明細書 得意先　E 人数　複数名	K社に保管されていた J店の御勘定明細書 得意先欄に「E」　8件 人数欄　全て複数

　審判所は上記の事実を前提として、以下のとおり判断します。

審判所の判断
上記事実は、そもそも当該店舗の利用がE代表の個人的な飲食等であることを推認させるものではない。

ウ　Lとの飲食（Eの日程表・Lの申述）

　審判所は、以下の事実を認定します。

審判所の認定した事実
Eの日程表には、時刻の記載とともに「L」と記載がある日が認められ、当該記載のある日のうちに、本件各カードの利用明細書

において本件各飲食等代金に係る支出をしていることが確認できる日がある。

Lは、審判所に対し、Eとは業務上の必要から面識があり、Eと飲食し、その際にEが代金を支払ったことが何度かある旨答述した。

E代表日程表 ○月○日○時○分 L	カード利用明細表 ○月○日 飲食費

審判所は上記の事実を前提として、以下のとおり判断します。

審判所の判断
本件各飲食等代金の中には、EがX社の取引先の従業員であるLと共に飲食等を行ったものが含まれていると推認され、当該飲食等がどのような目的・態様で行われたか等については明らかではないものの、少なくとも当該飲食等について、Eが、X社の事業に関係のある者との飲食等ではなく個人的な飲食等であると認識していたとは認め難い。

エ　Eの申述及び答述 [15]

審判所は、以下のとおり、Eの供述を認定します。

---

[15]　原処分庁の職員や異議審理庁の職員などに対する答弁であり、審判所へ直接答述したものでない場合は「申述」といい、国税不服審判所で審判官等に対して直接答述した場合は、「答述」といいます。

【平成29年4月6日付質問応答記録書】Eの申述

本件各カードは、以前は売上先の接待等で利用した際の決済に使っていたが、平成25年7月以降の利用分についてはX社の業務に関連するものではなく、Eが個人で利用した飲食代等であり、X社の取引先と利用することはなく、Eが1人で行ったものや知人と利用したものである。

【平成29年4月6日付調査報告書】Eの申述

総勘定元帳に計上された現金支払の飲食代金等も個人的費用である。

【平成30年1月25日のEの審判所に対する答述】

質問応答記録書は内容が全く違う旨調査担当職員に対し反論したが、当時の顧問税理士からもサインするように言われて署名及び押印したもので、その内容は全て真実に反しており、実際には、各飲食等代金は、個人的な飲食等に係る金額ではなく全て交際費である。

　上記Eの供述の変遷について、審判所は以下のとおり判断しました。

審判所の判断

Eは、調査担当職員に対し、平成25年7月以降の本件各カードの利用による飲食代の全てが個人的な飲食代である旨申述しているが、当該申述の内容は、各飲食等代金について概括的に述べたものであり、個々の支出について言及したものではなく、具体性が乏しい上、その内容を裏付ける客観的証拠は認められない。
各飲食等代金の全てについてX社の交際費であることを明らか

にする証拠書類等はないことから、当審判所において各飲食等代金は全て交際費であるとの認定はできないものの、「Ｊ店」の利用状況や、Ｌ氏との飲食等の状況などからすると、Ｅの答述を直ちに信用性を欠くものとして排斥できない。

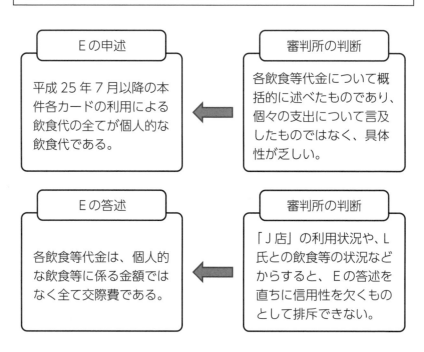

Ｅの申述

平成 25 年 7 月以降の本件各カードの利用による飲食代の全てが個人的な飲食代である。

審判所の判断

各飲食等代金について概括的に述べたものであり、個々の支出について言及したものではなく、具体性が乏しい。

Ｅの答述

各飲食等代金は、個人的な飲食等に係る金額ではなく全て交際費である。

審判所の判断

「Ｊ店」の利用状況や、Ｌ氏との飲食等の状況などからすると、Ｅの答述を直ちに信用性を欠くものとして排斥できない。

オ 結 論

　審判所は、以上の事実のほかに①その他の証拠及び当審判所の調査によっても、本件各飲食等代金の全てについてＥの個人的な飲食等に係る金額であることを推認させるに足りる証拠はないこと、②本件各飲食等代金の全てについて、Ｅが個人的な飲食等に係る金額であることを認識しながら、Ｘ社の本件各事業年度の総勘定元帳の本件各費用勘定に計上したとする仮装の事実を認めるに足りる証拠もないことから、本件各飲食等代金の全てについて、個人的な費用であることをＥが認識しながら本件各費用勘定にＸ社の費用として

計上したとは認められないとしました。そして、重加算税の要件である隠ぺい又は仮装の事実は認められないとしました。

本件各飲食等代金の全てについて

① 　Eの個人的な飲食等に係る金額であることを推認させるに足りる証拠はない。

② 　Eが個人的な飲食等に係る金額であることを認識しながら、X社の本件各事業年度の総勘定元帳の本件各費用勘定に計上したとする仮装の事実を認めるに足りる証拠もない。

審判所の判断

本件各飲食等代金の全てについて、個人的な費用であることをEが認識しながら本件各費用勘定にX社の費用として計上したとは認められない。

---

5 コメント

　本件は、Xが交際費を自ら否認して修正申告をしたため、Y税務署長がその全てについて重加算税を課したものですが、審判所は、本件各飲食等代金を個別に検討し、それぞれが交際費に該当しないといえるのか、交際費に該当しないとしてもそれをEが分かったうえで故意に交際費勘定に計上しているのかを、慎重に検討しています。

　事実認定については、争いとなった場合、法令解釈の要件に該当する個別の事実を証拠から詳細に認定していくことになります。納税者本人が一度認めた供述をしたとしても、後日撤回することはあ

り得ますし、そのために証拠から認められる動かしがたい事実との整合性をしっかりとチェックしておくことが重要です。本件の場合、飲食代金がそれぞれ重加算税の要件を満たすのか、一つひとつチェックする必要があったといえます。

また、前述のとおり交際費等該当性の判断は、専門家でも難しい場合があるため、交際費勘定に計上したが誤りであった場合に、それが重加算税に該当するというためには相当程度確かな証拠が必要になると思われます。なぜなら、総勘定元帳には過失によって誤った記載がされることも少なくなく、典型的な隠ぺい行為、仮装行為である二重帳簿の作成や架空の請求書や領収書の作成とは異なり、客観的には総勘定元帳の記載ミスと区別ができません。そのため、重加算税の賦課要件を満たすような隠ぺい行為、仮装行為と評価するのは難しいと考えられるからです。

なお、事実認定や税務調査で作成される質問応答記録書や調査報告書については、拙著『税務調査対応の「事実認定」入門』で詳しく紹介していますので、興味のある方はご参照ください。

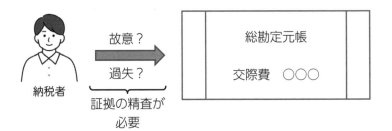

6 税務調査での対応

税務調査において、国税職員から、故意に交際費等に該当しない

ものを交際費等として計上したとして、重加算税を賦課すると言われた場合、まず、国税職員の主張する事実関係が交際費等の3要件を満たすのか（**第2節**参照）、国税職員の主張する事実関係が認められるのかを検討します。次に、重加算税の賦課要件である故意に事実を隠ぺい、又は仮装したといえるのかを検討し、国税職員の主張を法的に整理して反論できるポイントがないかを検討します。

　交際費等に該当するかについては、交際費等に計上した飲食費等の領収書のほか、本ケースでも取り上げられた当時のスケジュール帳、一緒に飲食をした取引先の陳述書などが考えられます。

国税職員

これらの支払いは個人的な飲食費であり、交際費等に該当しません。代表者は、これらの支払いが交際費等に該当しないことを分かって、交際費等として総勘定元帳に記載して経費に計上していたため、重加算税を賦課します。

代表者

これらの支払いは、交際費等に該当します。取引先との飲食代や、一人の食事代も急いでパソコンで作業をするために店舗を利用した際のものであり、交際費等ではないとしても経費に該当すると考えています。また、私は、これらの支払いが交際費等ではないと考えたことはなく、故意に事実と異なる経理処理をしたことはありません。この交際費等に計上された飲食費の飲食の日時にパソコンで仕事のメールをしていますので、そのメールを証拠として提出します。また取引先のAさんもその日に私と一緒に飲食したと言っていますので、確認してください。

また、本ケースのように国税職員が、飲食費を一括して交際費等に該当しないとして否認する場合、飲食費を一つひとつ個別に検討し、交際費等に該当するものと該当しないものに分けて反論することも有効です。

国税職員

> これらの飲食費は、全て交際費等に該当しないので、損金に算入することはできません。

> たしかに、５月の飲食費は個人的なものですので、交際費等には該当しません。こちらは修正します。しかし、６月の飲食費は、取引先のＡ社と飲食をしたものであり、交際費等に該当します。当時のスケジュール帳を提示しますので、確認してください。

代表者

　税務調査では国税職員が複数の取引を概括的に聴取した質問応答記録書を基に処分がされていましたが、国税不服審判所が取引を個別に検討した場合には、一部取り消されるというケースもあります（国税不服審判所裁決平成 27 年 10 月 1 日裁決事例集 No.101）[16]。取引一つひとつについてしっかりと検討することが重要です。

---

[16]　拙著『税務調査対応の「事実認定」入門』（ぎょうせい、2020）158 頁参照

第4節

非課税所得　〜不法行為に基づく損害賠償金〜（所得税法９条１項）

1　問題の所在

　所得税法９条１項は、所得税を課さない非課税所得を定めており、同項18号は、損害賠償金（これらに類するものを含みます）で、心身に加えられた損害又は突発的な事故により資産に加えられた損害に基因して取得するものその他の政令で定めるものを、非課税所得として規定します。同条から委任を受けた所得税法施行令30条２号は、不法行為その他突発的な事故により資産に加えられた損害につき支払いを受ける損害賠償金が、非課税所得に該当すると規定します。

　これらの規定により、交通事故などのために受けた損害の賠償金が非課税となることは明らかですが、商品先物取引によって受けた損害の賠償金が非課税所得に該当するかについては、不法行為その他突発的な事故によるものに該当するかが問題となり得ます。

　そこで、不法行為その他突発的な事故の意義について判示し、課税処分を取り消した名古屋地判平成21年９月30日税資259号順号11281[17]を取り上げて、その法律的な考え方を紹介します。

---

[17]　控訴審である名古屋高判平成22年６月24日税資260号順号11460も、原審の判断を維持しました。

2 事案の概要

　Xは、A社に商品先物取引（本件先物取引）を委託し、継続的に取引をしていましたが、1,281万円の損失を被りました。A社は、本件先物取引の委託手数料として1,425万円を得ました。その後、XとA社は、本件先物取引において、Xと意思疎通を欠いた取引があったとして、A社がXに対し、和解金457万円（本件和解金）の支払義務があることを認める和解契約をし、Xは、A社から本件和解金の支払いを受けました。

　Xは、上記の和解金457万円を所得に計上しなかったところ、Y税務署長が、当該和解金は雑所得に該当するとして、更正処分等をしたため、Xがその取消しを求めて提訴しました。

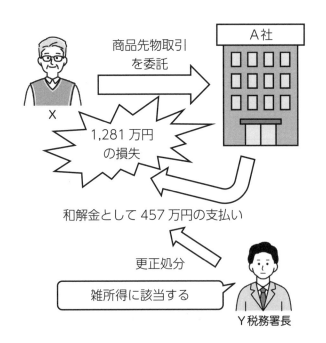

3 争　　点

本件和解金は、非課税所得に該当するか。

4 判　　旨

（1）法令解釈

　本件において、国（税務署長）は、所得税法施行令30条2号の不法行為とは、突発的な事故と同様の不法行為、すなわち、相手方との合意に基づかない突発的で予想することができない不法行為を意味するものであると主張しました。

　裁判所は、以下のとおり判示し、所得税施行令30条2号にいう「不法行為」は、突発的な事故ないしそれと同様の態様によるものに限られると解することはできないとしました。

不法行為その他突発的な事故の意義

所得税法施行令30条2号は、「不法行為その他突発的な事故」と規定しているのであり、「不法行為その他の突発的な事故」と規定しているのではない。法令における「その他」と「その他の」の使い分けに関する一般的な用語法に照らせば、同号において「不法行為」と「突発的な事故」は並列関係にあるものとして規定されていると解されるのであって、文言上、同号にいう「不法行為」を被告が主張するように限定的に解すべき根拠はない。また、不法行為の態様が、突発的な事故ないしそれと同様の態様によるも

のであるか、又はそれ以外の態様によるものであるかによって、当該不法行為に係る損害賠償金の担税力に差異が生ずるものではないから、損害賠償金が非課税所得とされている立法趣旨に照らしても、同号にいう「不法行為」は突発的な事故と同様の態様によるものに限られると解する理由はない。

　裁判所は、文言の用語法による解釈と、損害賠償金が非課税所得とされている立法趣旨の2点を根拠として指摘し、不法行為が限定的に解されるものではないと判断しました。条文の文言と立法趣旨から法令解釈をしたものと評価できます。

> **不法行為その他突発的な事故の意義**
>
> ①　「不法行為」と「突発的な事故」は並列関係にあるものとして規定されている。
> ②　不法行為の態様によって、当該不法行為に係る損害賠償金の担税力に差異が生ずるものではない。

> **裁判所の判断**
>
> 所得税法施行令30条2号の「不法行為」は突発的な事故と同様の態様によるものに限られると解する理由はない

（2）事実認定・あてはめ

　国（税務署長）は、本件和解金は一種の紛争解決金であって、不法行為に基づく損害賠償金ではないと主張しました。裁判所は、以下の①～③の事実を詳細に認定し、Xが本件先物取引によって被った損害は、A社の営業担当者及び外務員の不法行為によるものであり、A社は、同損害につき民法715条に基づく損害賠償責任を負うと

判断しました。

不法行為に基づく損害賠償金か否か
①A社の営業担当者又は外務員は、商品先物取引の経験がなく、取引の対象商品や行うべき取引手法を判断することができる能力、知識を持たず、各商品の相場状況について独自の情報を得る能力もないXに対し、先物取引を勧誘し、その取引手法やリスクについて十分な説明をしないまま、取引を始めさせ、②A社の外務員は、商品取引に関する知識・理解度が深いとはいえず、また、余裕資金を保持してはいなかったXに対し、A社の受託業務管理規則及び管理部内規に反する取引を行わせ、XがA社に支払った預託金の大半を金融機関又は親族からの借入金によって調達していることを知りながら、Xに過大な取引を行わせ、③本件先物取引の大部分がA社の外務員による実質的な一任売買であり、またその一定部分が売買委託手数料を稼ぐ目的を優先させたものであったのであるから、Xが本件先物取引によって被った損害は、A社の営業担当者及び外務員の不法行為によるものであり、A社は、同損害につき民法715条に基づく損害賠償責任を負うものというべきである。

5 コメント

　判決文から証拠は明らかではありませんが、事案の特徴からすると、金融機関での取引履歴や、A社への口座開設申込書等から動かしがたい事実を抽出して、事実認定をしたものと思われます。

　判決は、①本件和解金がA社の不法行為に基づく損害賠償金に当たるか否かと②本件和解金が所得税の課税対象となるか否かを争点として挙げ、順に判断しています。これは、①で不法行為に基づく

損害賠償金に該当しないと判断されれば、②について判断するまでもなく、非課税所得に該当しないと判断できたものとなります。①で不法行為に基づく損害賠償金に該当すると判断され、②についての判断が必要となったため、所得税法施行令30条2号の不法行為を限定的に解釈すべきか否かについて、文言や立法趣旨から限定的に解釈すべきでないという法令解釈が示されました。そして、①で不法行為に基づく損害賠償金と認定しているため、②で示した法令解釈に①で認定した事実をあてはめると非課税所得であると判断したものと理解できます。本書では分かりやすさのために、②の法令解釈を紹介してから①を事実認定・あてはめとして紹介しています。実際の判決文は①の次に②が判断されている点にご留意ください。

　不法行為による損害賠償金に該当するか否かは、訴訟で認められていれば明らかですが、本件のように訴訟外で和解により支払われた場合などは、不法行為に基づく損害賠償金として支払われたか否かが問題となります。特に本件のように取引が不法行為に該当するか否かは判断が難しい場合が多いため、慎重に検討する必要があるといえます。仮に損失補償金として支払われたと判断されれば、非課税所得には該当しないこととなります。

　本件と同様に商品先物取引によって被った損害の賠償金を非課税所得としたものとして、大分地判平成21年7月6日税資259号順号11239（控訴審は福岡高判平成22年10月12日税資260号順号11530）があります。また、有価証券報告書の虚偽記載によって被った損害賠償金を非課税所得としたものとして、神戸地判平成25年12月13日税資263号順号12353があります。

6 税務調査での対応

　税務調査において、国税職員から受け取った和解金は損失補償金であり、非課税所得ではないと指摘を受けた場合、不法行為の要件を確認し、和解金が不法行為に基づく損害賠償金として支払われたことを主張立証していくことになります。不法行為である証拠には、当時の相手方とのやり取りや損害を受けた経緯に関する資料などが考えられます。

国税職員

和解金は、損失補償金であり申告が必要になります。

和解金は、私が相手方に対して不法行為に基づく損害賠償請求をしたところ、相手方から和解金として支払われた金員ですので、損害賠償金です。そのため非課税所得と考えています。私が相手方に送った損害賠償請求の書面と相手方から受け取った書面を証拠として提出しますので、確認してください。

納税者

　和解金については、未払賃金を請求した労働者が会社から受け取った和解金の性質が問題になることもあります。それが給与であれば、支払った会社に源泉徴収義務がありますが、給与ではないとされた場合は、雑所得や一時所得として労働者に課税される可能性があります。この和解金についても、実質的には給与であるとして会社に対して源泉所得税の納付を求めるように反論することが考え

られます。

国税職員

Ａ社から和解金を受領していますが、雑所得になりますので、申告してください。

こちらは、未払賃金請求の和解金としてＡ社から支払われたものですので、給与になります。会社が源泉所得税を納付する義務がありますので、会社に対して源泉所得税の納付を求めてください。Ａ社に対し未払賃金を請求したときの書面とＡ社から受け取った書面を証拠として提出しますので、確認してください。

納税者

第5節

資産の取得費（所得税法 38 条 1 項）

1 問題の所在

　所得税法 38 条 1 項は、資産の取得費は、その資産の取得に要した金額並びに設備費及び改良費の額の合計額としています。この「資産の取得に要した金額」について、具体的な定めはありません。そのため、資産の取得のために要した金額とは具体的にどの費用が該当するのかは、解釈によって明らかにする必要がありました。

　そこで、土地を購入するために借り入れた資金の利息が資産の取得に要した金額に含まれるのかが問題となった最判平成 4 年 7 月 14 日民集 46 巻 5 号 492 頁を取り上げて、その法律的な考え方を紹介します。

2 事案の概要

　X は、昭和 46 年 4 月 16 日、A から自己の居住の用に供するため、本件土地建物を購入し、同年 6 月 6 日に自己の居住の用に供しました。X は、同年 4 月 17 日、本件土地建物を取得するために年利率 9.2％で 3,500 万円の借入れをし、借入金のうち 3,000 万円を本件土地建物の取得のために使用しました。X は、当該借入れを昭和 54

年8月16日に全額返済しました。

Xは、本件土地建物を分筆等して、昭和53年1月31日と昭和54年8月22日に譲渡し、各年分の所得税の確定申告をしました。その際、譲渡所得の金額の計算上、借入金3,000万円について借入時から返済時までに支払った利子の全額を取得費として控除しました。

Y税務署長は、借入金利子については、Xが本件建物の使用を開始した日までの期間に対応する部分のみが取得費に含まれるとして、更正処分等をしました。Xは、更正処分等の取消しを求めて、提訴しました。

| 昭和46年4月16日：本件土地建物を購入 |
| 昭和46年4月17日：購入資金3,000万円を借入れ |
| 昭和46年6月6日：本件土地建物に居住開始 |
| 昭和53年1月31日：本件土地建物の一部を譲渡 |
| 昭和54年8月16日：借入金を全額返済 |
| 昭和54年8月22日：本件土地建物の残余を譲渡 |

Yの主張
居住開始の時までの借入金利子が取得費に含まれる。

Xの主張
返済の時までの借入金利子が取得費に含まれる。

3 争 点

借入金利子は、資産の取得に要した金額に含まれるか。

4 判　旨

（1）法令解釈

　まず、裁判所は、譲渡所得に対する課税の趣旨について、以下のとおり判示します。

譲渡所得に対する課税の趣旨
譲渡所得に対する課税は、資産の値上りによりその資産の所有者に帰属する増加益を所得として、その資産が所有者の支配を離れて他に移転するのを機会にこれを清算して課税する趣旨のものである。

　上記の趣旨を踏まえて、資産の取得に要した金額の意義について以下のとおり判示しました。

資産の取得に要した金額の意義
「資産の取得に要した金額」には、当該資産の客観的価格を構成すべき取得代金の額のほか、登録免許税、仲介手数料等当該資産を取得するための付随費用の額も含まれるが、他方、当該資産の維持管理に要する費用等居住者の日常的な生活費ないし家事費に属するものはこれに含まれないと解するのが相当である。

```
┌─────────────────────────────┐
│      資産の取得に要した金額      │
└─────────────────────────────┘
```

```
┌──────────────────┐        ┌──────────────────┐
│    含まれるもの    │        │   含まれないもの   │
└──────────────────┘        └──────────────────┘
```

- ➤ 取得代金の額
- ➤ 登録免許税
- ➤ 仲介手数料
- ➤ 当該資産を取得するための付随費用の額

- ➤ 当該資産の維持管理に要する費用
- ➤ 居住者の日常的な生活費ないし家事費に属するもの

　裁判所は、さらに続けて、個人が居住の用に供するために不動産を取得する際の借入金利子が資産の取得に要した金額に該当する場合について、詳細な判断を示しました。

借入金利子が資産の取得に要した金額に該当する場合について

個人がその居住の用に供するために不動産を取得するに際しては、代金の全部又は一部の借入れを必要とする場合があり、その場合には借入金の利子の支払が必要となるところ、一般に、右の借入金の利子は、当該不動産の客観的価格を構成する金額に該当せず、また、当該不動産を取得するための付随費用に当たるということもできないのであって、むしろ、個人が他の種々の家事上の必要から資金を借り入れる場合の当該借入金の利子と同様、当該個人の日常的な生活費ないし家事費にすぎないものというべきである。そうすると、右の借入金の利子は、原則として、居住の用に供される不動産の譲渡による譲渡所得の金額の計算上、所得税法38条1項にいう「資産の取得に要した金額」に該当しないものというほかはない。しかしながら、右借入れの後、個人が当該不動産をその居住の用に供するに至るまでにはある程度の期間を要するのが通常であり、したがって、当該個人は右期間中当該

> 不動産を使用することなく利子の支払を余儀なくされるものであることを勘案すれば、右の借入金の利子のうち、居住のため当該不動産の使用を開始するまでの期間に対応するものは、当該不動産をその取得に係る用途に供する上で必要な準備費用ということができ、当該個人の単なる日常的な生活費ないし家事費として譲渡所得の金額の計算のうち外のものとするのは相当でなく、当該不動産を取得するための付随費用に当たるものとして、右にいう「資産の取得に要した金額」に含まれると解するのが相当である。

　上記のとおり、裁判所は、資産に要した金額には、当該資産を取得するための付随費用の額も含まれるとし、不動産を取得するための借入金の利子のうち、居住のため当該不動産の使用を開始するまでの期間に対応するものは、当該不動産を取得するための付随費用に該当すると判断しました。

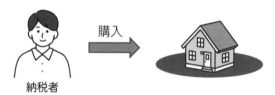

購入

納税者

住み始めるまでに通常期間を要する
その期間も借入金利子は発生する

借入金利子が資産の取得に要した金額に該当するか。

借入金利子は、個人の日常的な生活費ないし家事費にすぎない。

借入金利子は、原則として「資産の取得に要した金額」に該当しない。

 しかし

借入れの後、個人が当該不動産をその居住の用に供するに至るまでにはある程度の期間を要するのが通常であり、当該個人は右期間中当該不動産を使用することなく利子の支払いを余儀なくされる。

借入金の利子のうち、居住のため当該不動産の使用を開始するまでの期間に対応するものは、当該不動産をその取得に係る用途に供する上で必要な準備費用ということができ、当該不動産を取得するための付随費用に当たる。

（2）事実認定・あてはめ

　本件では、事実関係については争いがありませんでした。そのため、事実関係については、第1審の東京地判昭和60年5月30日税資145号569頁から特に証拠を指摘することなく、そのまま認められています。民事訴訟法179条は裁判所において当事者が自白した事実は証明することを要しないとしているため、当事者が自己に不利益な事実を認める陳述をした、争いのない事実はそのまま裁判所の事実認定を拘束し、証拠調べを不要とする効力を生じます。本件においても当事者が双方の主張する事実関係を全て認めており、争いがなかったため、裁判所はそのまま事実を認定しています。

5 コメント

　裁判所が「その資産の取得に要した金額」について詳細に解釈を示したものとして、法令解釈を理解する好例と思われます。

　本最高裁判決が出るまで、資産を購入するための借入金の利子については、取得費に含まれないとする消極説、取得費に含まれるとする積極説、取得資産の使用開始の日までの借入金利子に限り取得費への算入を認め、それ以後の借入金利子については取得費への算入を認めない中間説に分かれていました[18]。本判決によって、最高裁判所が中間説をとることが明らかとなりました。

```
┌─────────────────────────────────────────┐
│  資産を購入するための借入金利子に関する学説    │
│ ┌─────────────────────────────────────┐ │
│ │  消極説：借入金利子は取得費に含まれない。   │ │
│ └─────────────────────────────────────┘ │
│ ┌─────────────────────────────────────┐ │
│ │  積極説：取得費に含まれる。              │ │
│ └─────────────────────────────────────┘ │
│ ┌─────────────────────────────────────┐ │
│ │ 中間説：取得資産の使用開始の日までの借入金利子に限り取得 │ │
│ │      費への算入を認め、それ以後の借入金利子については  │ │
│ │      取得費への算入を認めない。          │ │
│ └─────────────────────────────────────┘ │
└─────────────────────────────────────────┘
```

　本件のように下級審で法令解釈が分かれている場合、どの法令解釈が妥当かを納税者が検討して、法令解釈をし、事実認定、あてはめをする必要があります。

---

[18]　福岡右武「最判解民事篇（平成４年度）」（1995）277 頁以下参照

6 税務調査での対応

　税務調査においても、国税職員の主張を法律的に整理する際に法令解釈が複数考えられる場合は、納税者が採用する法令解釈については、法令解釈の際に考慮された根拠、他の法令解釈の説の根拠なども理解し、整理して検討する必要があります。調査した裁判例や論文を国税職員に提出して検討を促すことも考えられます。

国税職員

> 借入金利子は取得費には含まれません（消極説）。

納税者

> 取得資産の使用開始日までの借入金利子は取得費に含まれると考えています（中間説）。この論文を根拠としていますので、ご確認ください。私としては、私の主張を認めていただけない場合は、裁判所がどちらの法令解釈をとるのか訴訟で明らかにしたいと考えています。

　なお、現在の実務では、中間説で対応することになっていますので、実際に上記のやりとりがされることはありません（所得税基本通達37−27、38−8）。

　本ケースのように税務調査のときには、裁判所の考え方が示されておらず、複数の法令解釈が存在するケースがあります。

　例えば、近年では、暗号資産の譲渡による所得について、国税庁

は原則として雑所得に該当し、事業所得者が、事業用資産として暗号資産を保有し、棚卸資産等の購入の際の決済手段として暗号資産を使用した場合などは、事業所得に区分されるとしていますが[19]、学説では譲渡所得に該当するという見解も有力です[20]。裁判所がどちらの法令解釈をとるかはまだ明らかではありませんので、実務で対応する場合に、どちらの法令解釈をとるのか、仮に譲渡所得とした場合に裁判所でも認められる可能性があるのか、それぞれの説の根拠も理解したうえで対応する必要があるでしょう[21]。

暗号資産の譲渡による所得

国税庁：原則として雑所得である。

投資目的で暗号資産を保有しており、継続的な売買ではなく、一度に売却した場合、当該暗号資産を譲渡して得た所得は、譲渡所得になるのではないか？

---

[19]　国税庁令和4年12月22日付「暗号資産に関する税務上の取扱いについて（情報）」13頁
https://www.nta.go.jp/publication/pamph/pdf/virtual_currency_faq_03.pdf
[20]　金子宏『租税法〔第24版〕』（弘文堂、2021）265頁、土屋雅一「ビットコインと税務」税大ジャーナル23号（2014）79頁
[21]　なお、それぞれの説の根拠については、泉絢也・藤本剛平『事例でわかる！NFT・暗号資産の税務』（中央経済社、2022）57頁以下が参考になります。

退職所得（所得税法 30 条 1 項）

1 問題の所在

　所得税法 30 条 1 項は、**退職所得**とは、退職手当、一時恩給その他の退職により一時に受ける給与及びこれらの性質を有する給与に係る所得をいうと定義しています。そして、退職所得については、税負担の軽減措置が図られています。しかし、従業員に退職金という名目で金員を支給した場合に、形式的に退職所得として税負担の軽減措置を図ってよいのかという問題が生じ得ます。そのため、税負担の軽減という趣旨から考えて、退職所得に該当する退職金とは何かを解釈によって明らかにする必要があります。

　そこで、退職所得該当性について判示した最判昭和 58 年 12 月 6 日訟月 30 巻 6 号 1065 頁を取り上げて、その法律的な考え方を紹介します。

2 事案の概要

　X 社は、昭和 40 年ころから経営が行き詰まり、多額の負債をかかえ、同年 9 月会社更生法の適用を申請するに至り、その後更生計画が認可されて会社再建が進められることになりました。

　このような状況の中で、従業員側は、会社がいつ倒産するか分からないのであれば、勤続満10年をもって定年とし、その時点で退職金を支給し、その後引き続き勤務する場合は再雇用という形にするようにしてほしいとの要望をしました。X社側も、勤続満10年定年制を実施すれば、高齢者に対する多額の給与負担を免れることになるうえ、さほど熟練を要しない職種であるから永年勤続者が退職しても会社運営に支障をきたすおそれも少なく、さらに、X社のような中小企業では、満55歳の定年まで働いてもらうよりも40歳前後で独立させてやるように指導していく方が本人のためにもよく、その意味で一つの区切りとして、また一つの目標として、勤続10年定年制を実施する方が望ましいと考えました。そして、労使双方の意向が合致したので、X社は、勤続満10年定年制を実施することとしました。

　このようにして労使の意向が合致したため、X社は、勤続満10年で定年に達したものとして、従業員に対し、退職金を支給しました。

　Y税務署長は、これらの退職金は、退職所得ではなく給与所得に該当するとして、源泉徴収納税義務告知処分をしました。

　X社は、退職所得に当たるとして処分の取消しを求めて、提訴しました。

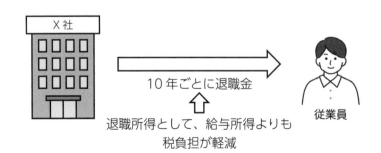

X社

10年ごとに退職金

退職所得として、給与所得よりも
税負担が軽減

従業員

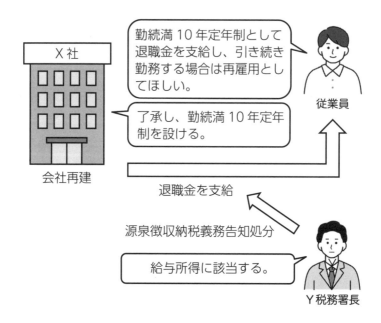

勤続満 10 年定年制として退職金を支給し、引き続き勤務する場合は再雇用としてほしい。

了承し、勤続満 10 年定年制を設ける。

退職金を支給

源泉徴収納税義務告知処分

給与所得に該当する。

3 争 点

退職金名義で支給された金員は退職所得に該当するか。

4 判 旨

（1）法令解釈

　裁判所はまず、所得税法 30 条 1 項の趣旨について、以下のとおり判示しました。

所得税法 30 条 1 項の趣旨

所得税法が、退職所得を「退職手当、一時恩給その他の退職により一時に受ける給与及びこれらの性質を有する給与」に係る所得をいうものとし（30 条 1 項）、これにつき所得税の課税上他の給与所得と異なる優遇措置を講じているのは、一般に、退職手当等の名義で退職を原因として一時に支給される金員は、その内容において、退職者が長期間特定の事業所等において勤務してきたことに対する報償及び右期間中の就労に対する対価の一部分の累積たる性質をもつとともに、その機能において、受給者の退職後の生活を保障し、多くの場合いわゆる老後の生活の糧となるものであるため、他の一般の給与所得と同様に一律に累進税率による課税の対象とし、一時に高額の所得税を課することとしたのでは、公正を欠き、かつ、社会政策的にも妥当でない結果を生ずることになるから、かかる結果を避ける趣旨に出たものと解される。

上記の趣旨を踏まえて、「退職手当、一時恩給その他の退職により一時に受ける給与」に該当する要件について、以下のとおり判示しました。

「退職手当、一時恩給その他の退職により一時に受ける給与」に該当する要件

「退職手当、一時恩給その他の退職により一時に受ける給与」にあたるというためには、それが、①退職すなわち勤務関係の終了という事実によって初めて給付されること、②従来の継続的な勤務に対する報償ないしその間の労務の対価の一部の後払いの性質を有すること、③一時金として支払われること、との要件が必要である。

> 「退職手当、一時恩給その他の退職により一時に受ける給与」
> に該当するために必要な3要件

> ① 退職・勤務関係の終了という事実によって初めて給付されること

> ② 従来の継続的な勤務に対する報償ないしその間の労務の対価の一部の後払いの性質を有すること

> ③ 一時金として支払われること

そして、「これらの性質を有する給与」に該当する要件について、以下のとおり判示しました。

「これらの性質を有する給与」に該当する要件
「これらの性質を有する給与」にあたるというためには、それが、形式的には右の各要件のすべてを備えていなくても、実質的にみてこれらの要件の要求するところに適合し、課税上、「退職により一時に受ける給与」と同一に取り扱うことを相当とするものであることを必要とすると解すべきである。

（2）事実認定・あてはめ

裁判所は、法令解釈で示した退職・勤務関係の終了という事実の有無について詳細に事実を認定し、以下のとおり判断しました。

使用者及び従業員の意識

勤続満10年定年制のもとにおいては、従業員は勤続満10年で当然に退職することになるものではなく、むしろ従前の勤務関係をそのまま継続させることを予定し、当初からこのような運用をすることを意図していた。

定年により退職したといえるか

使用者及び従業員の意識が右のようなものであるとすると、従業員の勤続関係が外形的には勤続満10年定年制にいう定年の前後を通じて継続しているとみられる場合に、これを、勤続10年に達した時点で従業員は定年により退職したものであり、その後の継続的勤務は再雇用契約によるものであるとみるのは困難である。

主観面

従業員は勤続満10年で退職するものではなく、従前の勤務関係が継続されると考えていた。

客観面

従業員の勤続関係が外形的には勤続満10年定年制にいう定年の前後を通じて継続していた。

裁判所の判断

勤続10年に達した時点で従業員は定年により退職したものであり、その後の継続的勤務は再雇用契約によるものであるとみるのは困難である。

　そして、上記の事実関係を前提として、勤務関係が終了したというための要件を、以下のとおり判示します。

勤務関係が終了したものとみる要件

このような場合にその勤務関係がともかくも勤続満 10 年に達した時点で終了したものであるとみうるためには、勤続満 10 年定年制度の客観的な運用として、従業員が勤続満 10 年に達したときは退職するのを原則的取扱いとしていること、及び、現に存続している勤務関係が単なる従前の勤務関係の延長ではなく新たな雇用契約に基づくものであるという実質を有するものであること等をうかがわせるような特段の事情が存することを必要とするものといわなければならない。

勤務関係が終了したものとみる要件

制度の客観的な運用として、従業員が勤続満 10 年に達したときは退職するのを原則的取扱いとしていること

現に存続している勤務関係が単なる従前の勤務関係の延長ではなく新たな雇用契約に基づくものであるという実質を有するものであること等をうかがわせるような特段の事情

　裁判所は、上記で示した法令解釈を前提として、以下のとおり判示し、原審の確定した事実関係からは、退職金名義の金員の支給を受けた従業員らが退職しその勤務関係が終了したものとみることはできないといわなければならないとしました。

勤務関係が終了したものというための要件についての判断

原審は、勤続満10年に達して退職金名義の金員の支給を受けた15名の従業員のうち2名の者がその後ほどなく退職した事実を認めながら、その退職が勤続満10年定年制の適用によるものであるか、それとも他の事由によるものであるかにつき、なんら認定判断せず、定年に達した者の大半が引き続きXに勤務しているのは、労働市場において退職者に代るべき若い労働力を確保できなかったことと、会社の主力になって働くべき者が多く含まれていたことによるものであり、また、勤務条件等が変化していないのは、勤続満10年定年制採用当初の事務的な不慣れが原因であったと認定しているにすぎないのであって、右の程度の事実では、いまだ上記の特段の事情があるものということはできない。

　さらに、本件における「これらの性質を有する給与」の要件について、以下のとおり判示しました。

「これらの性質を有する給与」の要件

「これらの性質を有する給与」にあたるというためには、当該金員が定年延長又は退職年金制度の採用等の合理的な理由による退職金支給制度の実質的改変により精算の必要があって支給されるものであるとか、あるいは、当該勤務関係の性質、内容、労働条件等において重大な変動があって、形式的には継続している勤務関係が実質的には単なる従前の勤務関係の延長とはみられないなどの特別の事実関係があることを要するものと解すべきである。

```
┌─────────────────────────────────────────────┐
│  ┌───────────────────────────────────────┐  │
│  │    「これらの性質を有する給与」の要件    │  │
│  └───────────────────────────────────────┘  │
│  ┌───────────────────────────────────────┐  │
│  │ 当該金員が定年延長又は退職年金制度の採用等の合理的な理由 │  │
│  │ による退職金支給制度の実質的改変により精算の必要があって │  │
│  │ 支給されるものであること                │  │
│  └───────────────────────────────────────┘  │
│                あるいは                      │
│  ┌───────────────────────────────────────┐  │
│  │ 当該勤務関係の性質、内容、労働条件等において重大な変動が │  │
│  │ あって、形式的には継続している勤務関係が実質的には単なる │  │
│  │ 従前の勤務関係の延長とはみられないなどの特別の事実関係が │  │
│  │ あること                               │  │
│  └───────────────────────────────────────┘  │
└─────────────────────────────────────────────┘
```

　そして、裁判所は以下のとおり判示し、「これらの性質を有する給与」には該当しないと判断しました。

「これらの性質を有する給与」の要件
原審の確定した前記事実関係のもとにおいては、いまだ、右のように本件係争の金員が「退職により一時に受ける給与」の性質を有する給与に該当することを肯認させる実質的な事実関係があるということはできない。

　最後に、裁判所は、本件についてはさらに審理を尽くさせるのが相当であるとして、原審に差し戻しました[22]。

22　差戻し審である大阪高判昭和59年5月31日税資136号672頁は、本件の全証拠を精査しても特段の事情の存在は認めることができないとして、退職所得ではなく給与所得であるとしました。

5 コメント

　本判決は、退職所得の意義について判示したものであり、現在で
も退職所得該当性については、本判決が示した要件に従って判断さ
れています。

　現在では、人材の流動化が進み、定年後再雇用制度も増えてきて
いるため、本要件に従って判断する場面も増えています。本判決に
は、このような時代の流れを意識した横井大三裁判官の反対意見も
付されており[23]、今後反対意見のように比較的緩やかに退職所得
該当性が判断される可能性もありますので、紹介します。

横井大三裁判官の反対意見
わが国の労働関係が原則として終身雇用であり、定年退職の時には、労働能力が相当低下していて、他に再就職をするとしても賃金はかなり低額となるので、退職金は将来の生活保障的な意味を持ち、担税力に乏しいところから、これを税法上優遇するという退職所得優遇制度は、それなりに理解できる。しかし、終身雇用制にも漸次変化が見られ、能力主義的雇用関係も芽生えつつあり、とりわけ中小企業においては、10年という期間は労働者が同一使用者に雇用される期間としては必ずしも短いものではなく、30年を終身雇用の平均勤務期間とすれば、それを分割し、退職金を10年ごとに精算支給することとすることも、それぞれの企業の労使間の事情に適するならば、税法上もそのままこれを受け容れるべきで、それを退職金という名の一般給与と見て、年収全体の中に組み入れ累進税率を適用して所得税を課するのは相当ではない。

　横井裁判官は、昭和58年当時においても終身雇用制に変化がみ
られ、能力主義的雇用関係も芽生えつつあること、それぞれの企業

の労使間の事情を考慮すると 10 年での退職金を税法上もそのまま受け容れるべきとしています。

　他方で、近年、労働力の流動化が一定程度生じたことから、少なくとも短期間での転職の場合には、終身雇用制を前提として課税上優遇されていた退職所得と同様に退職所得を課税上優遇する必要性があるのかについては、疑問を呈する見解もあります[24]。

　退職所得については、現在の雇用関係の流動化とあいまって、今後見直しの可能性もあります。その際、この法令解釈が維持されるのか、その根拠から考えて理解しておく必要があるでしょう。

```
┌─────────────────────────────────────────────┐
│  ┌─────────────────────────────────┐         │
│  │        退職所得に関する議論        │         │
│  └─────────────────────────────────┘         │
│                                               │
│  ┌─────────────────────────────────────────┐ │
│  │       人材の流動化が進んでおり、          │ │
│  │  勤続 10 年での退職金も退職所得とすべきである。│ │
│  └─────────────────────────────────────────┘ │
│                                               │
│  ┌─────────────────────────────────────────┐ │
│  │     短期間での転職の場合は、退職所得として   │ │
│  │  給与所得と比較して課税上優遇される根拠が薄弱である。│ │
│  └─────────────────────────────────────────┘ │
└─────────────────────────────────────────────┘
```

---

[23]　裁判所法 11 条において、最高裁判所では、裁判書には、各裁判官の意見を表示しなければならないとされているため、多数意見と異なる意見を持つ裁判官は、意見を表示します。
[24]　佐藤英明『スタンダード所得税法 第 3 版』（弘文堂、2022）198 頁

6　税務調査での対応

　税務調査において、国税職員から、会社が支払った金員は退職所得ではなく、給与所得であると指摘を受けた場合、本判決が示した要件を確認し、支払った金員が退職所得として本判決の要件を満たしていないのか、国税職員の主張する事実が認められるのかをそれぞれ検討することになります。その際、近年の転職状況や定年後再雇用の一般的な状況なども検討することになるでしょう。退職前の雇用契約と再雇用時の雇用契約や、実際にそのまま退職した人数がどのくらいあるのかなどの資料を提出し、雇用が継続しているとはいえないことなどを主張立証していくことが考えられます。

従業員に支払われた金員は、退職所得ではなく、給与所得に該当します。源泉所得税は給与所得として計算し直した金額を徴収し、納付してください。

国税職員

従業員はいったん退職して再雇用しています。したがって、退職しているため、退職所得としたものになります。

経理担当者

再雇用とはいっても従前の雇用が継続している場合は、退職所得とはならず、給与所得となります。

国税職員

再雇用契約は従前の雇用契約とは全く異なる労働条件での契約であり、従前の雇用が継続しているものではありません。従前の雇用契約と再雇用契約を証拠として提出しますので、確認してください。

経理担当者

全員が再雇用されているのであれば、実質的には単なる労働条件の変更になるのではないでしょうか。

国税職員

再雇用を選択せず、退職している従業員もいます。従業員に交付した退職時の説明資料と、再雇用の条件の説明資料を証拠として提出しますので、確認してください。

経理担当者

役務提供地（消費税法4条3項2号）

1 問題の所在

　現在、多くの日本企業で海外企業との取引が行われています。消費税法4条1項は、国内において事業者が行った資産の譲渡等（役務の提供を含みます）に消費税を課するとし、同条3項は、国内において行われたかどうかの判定について定め、同項2号は、役務の提供について消費税法施行令6条2項に委任しています。消費税法施行令6条2項6号は、「国内及び国内以外の地域にわたって行われる役務の提供その他の役務の提供が行われた場所が明らかでないもの」については、役務の提供を行う者の役務の提供に係る事務所等の所在地が国内にあるかで判断するとされています。そのため、海外企業との取引で国境をまたぐ国際的取引などの場合については、それが消費税の課税対象か否かを判断するにあたって、国内及び国内以外の地域にわたって行われる役務の提供その他の役務の提供が行われた場所が明らかでないものに該当するのか否か、当該要件はどのように判断されるのか、その判断方法が問題となり得ます。

　そこで、国内及び国内以外の地域にわたって行われる役務の提供について判示した東京地判平成22年10月13日訟月57巻2号549頁を取り上げて、その法律的な考え方を紹介します（なお、当時の条文は消費税法施行令6条2項7号です）。

　カーレースへの参戦及びその企画運営を行うX社が、A1ないしA4との間で締結したスポンサー契約（本件各スポンサー契約）に係る契約金ついて、国外レースへの参戦を目的として締結され、X社の役務提供は国外で行われることが契約において予定されているとして、本件各スポンサー契約における契約金は、国外での役務提供の対価であり、消費税の課税対象にはならないと主張したのに対し、Y税務署長が国内売上に該当するとして更正処分等をしたため、その取消しを求めた事案です。

　本書では、A1とのスポンサー契約について取り上げます。

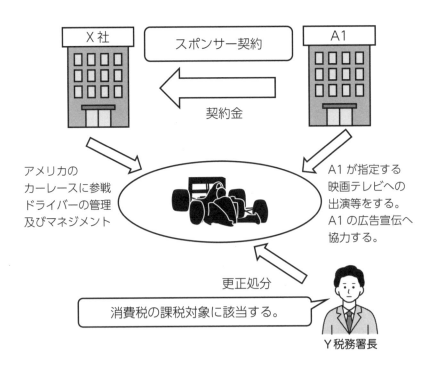

3 争　点

本件各スポンサー契約に基づいてX社がした役務の提供の課税取引該当性。

4 判　旨

（1）法令解釈

裁判所は、まず消費税法施行令6条2項7号（平成27年改正前、現6号）の趣旨について、以下のとおり判示します。

消費税法施行令6条2項7号の趣旨
消費税法上の原則的な扱いとしては役務の提供が行われた場所を管轄の基準とするが、個々の役務の提供が国内及び国内以外の地域にわたって行われる場合には、役務の提供場所の把握が事実上極めて困難であることにかんがみ、国内に事務所等の物理的な存在のある事業者についてのみ課税を行うことで課税上の便宜及び明確化を計ったものと解される。

次に、役務提供場所が国内と国内以外に合理的に区分できる場合とできない場合について、整理します。

**役務提供場所が国内と国内以外の地域とに
合理的に区分できる場合**

国内及び国内以外の地域にわたって行われる役務の提供であって
も、当該役務の現実的な提供場所が国内と国内以外の地域とに区
分することができ、かつ、これら役務の提供に係る対価の額が国
内の役務に対応するものと国内以外の地域の役務に対応するもの
とに合理的に区分されるものは、国内の役務に対応する対価の額
をもって消費税等の課税標準を定めることが可能である（消費税
法28条1項参照）から、同号にいう「国内及び国内以外の地域
にわたって行われる役務の提供その他の役務の提供」には当たら
ないものと解される。

役務提供場所が国内と国内以外の地域とに区分することができる。

 かつ

役務の提供に係る対価の額が国内の役務に対応するものと国内以外の
地域の役務に対応するものとに合理的に区分される。

「国内及び国内以外の地域にわたって行われる役務の提供その他の役務
の提供」には当たらない。

**役務の提供に係る対価の額が国内の役務に対応するものと、国内以
外の地域の役務に対応するものとに合理的に区分されていない場合**

国内及び国内以外の地域にわたって行われる役務の提供のうち、
役務の提供に係る対価の額が国内の役務に対応するものと国内以
外の地域の役務に対応するものとに合理的に区分されていないも
のについては、当該役務の現実的な提供場所が国内と国内以外の
地域とに区分することができたとしても、対価の額に対応する役

務の提供場所の特定ができないから、同号の趣旨が当てはまるものといえる。

　そして、最後に消費税法施行令6条2項7号の国内及び国内以外の地域にわたって行われる役務の提供の解釈を示します。

> **国内及び国内以外の地域にわたって行われる役務の提供とは**
>
> 同号における「国内及び国内以外の地域にわたって行われる役務の提供」とは、役務の提供が国内と国外との間で連続して行われるもののほか、同一の者に対して行われる役務の提供で役務の提供場所が国内及び国内以外の地域にわたって行われるもののうち、その対価の額が国内の役務に対応するものと国内以外の地域の役務に対応するものとに合理的に区別されていないものをいうと解するべきである（消費税法基本通達5－7－15後段参照）。

国内及び国内以外の地域にわたって行われる役務の提供
（消費税法施行令6条2項7号（現6号））

①　役務の提供が国内と国外との間で連続して行われるもの

又は

②　同一の者に対して行われる役務の提供で役務の提供場所が国内及び国内以外の地域にわたって行われるもの

①②のうち、その対価の額が国内の役務に対応するものと国内以外の地域の役務に対応するものとに合理的に区別されていないもの

末尾に消費税法基本通達5－7－15後段参照となっているとおり、消費税法基本通達5－7－15の解釈と裁判所の解釈が同じであることを示しています。通達は、あくまで上級行政機関が下級行政機関の職務権限の行使を指揮するために発したものにすぎず、これが国民に対し直接の法的効力を有するものではありません。そのため、裁判所としての法令解釈を示し、それが法令解釈通達と一致していることを示したものです。

　ここで示した法令解釈を基に、事実認定とあてはめをしていきます。

（2）事実認定・あてはめ

　裁判所は、X社が参戦したインディーというカーレースの開催日数とスポンサー契約の条項を事実として列挙し、以下のとおりそれらの事実を評価して、法令解釈で示した要件へのあてはめをします。

　まず、裁判所は、インディーについて、スポンサーが期待できる宣伝効果を指摘します。

インディーについて
インディーは、開催レースごとに順位が付されるものの、その一方で、1年間に行われた各レースの成績を通算し、ドライバーやチームの成績が決められる仕組みとされており、ドライバーやチームのスポンサーとしては、個々のレースの成績のみならず、その通算成績に応じた宣伝効果を期待することができる。

　次に、X社のスポンサー契約上の義務が、レースへの参戦に尽きるものではないことを指摘します。

X社の義務内容

A1とのスポンサー契約においては、X社の義務内容として、年間全16戦ないし17戦行われる各レースへの参戦のみならず、Bと本件オペレーション契約を締結してレースに参戦するチームを運営すること、ドライバーの管理及びマネジメント業務やドライバー等の肖像権をA1が無償で使用することの許諾等が明記され、これら義務が約1年間（各レースが行われていないシーズン前後の各2か月（計4か月）も含まれている。）にわたって継続する内容とされており、出資者が期待を寄せる宣伝効果がより高くかつレース参戦時以外においても持続するような義務内容とされており、X社が負担する役務の内容も年16回ないし17回の個々のレースへの参戦に尽きるとはいい難いものとなっている。

　さらに上記で特定したX社の契約上の義務の内容と、契約金の関係について、個別的な対応を見出すことができないことを指摘します。

契約金と役務の個別対応関係

スポンサー契約においてX社が負担する役務の対価としてA1が支出する契約金は（中略）いずれも総額が記されるにとどまり、個々のレース参戦に応じた契約金・支払とはされていない上、その支払方法はいずれの年度も不均等額による9回払とされており、年間のレース数やスケジュールとの個別的な対応を見いだすことはできない。

　これらの事実の評価の小括として、X社が負担している役務の内容は、レース参戦に限定されているとはいえないこと、そして、提供場所が国内と国内外で合理的に区別できるとはいえないことを判示します。

X社が負担した役務提供の内容
A1とのスポンサー契約においてX社が負担した役務の提供は各年の個々のレース参戦に限定されていると評価することは到底できず（中略）ドライバーの管理及びマネジメント業務やドライバー等の肖像権のA1による無償使用等にわたるものと解するべきであり、各年における16戦ないし17戦のレース参戦と上記のその余の役務提供に対し、一括して470万米ドル又は493万0,500米ドルの契約金が定められたものといえ、もとより、これらX社が受領する対価が、国内を提供場所とする役務の対価と国内以外の場所を提供場所とする役務の対価とに合理的に区別できるとも解されない。

　最後に、**（1）**で示した法令解釈にあてはめをします。

あてはめ
X社がA1とのスポンサー契約において負担した上記役務の提供は、その全体が各年の契約金を対価としているものと認められ、その対価の額が国内の役務に対応するものと国内以外の地域の役務に対応するものとに合理的に区別されていない（中略）から、「国内及び国内以外の地域にわたって行われる役務の提供」（中略）に当たる。

　そして裁判所は、結論としてその役務の提供を行う者の役務の提供に係る事務所等は、いずれも日本国内に存在すると認められるから、その役務の提供は、国内において事業者が行った資産の譲渡等に当たり、消費税の課税対象となるとしました。

役務の内容

レース参戦、ドライバーの管理及びマネジメント業務やドライバー等の肖像権のA1による無償使用等にわたる。

役務の対価

国内を提供場所とする役務の対価と国内以外の場所を提供場所とする役務の対価とに合理的に区別できない。

裁判所の判断

X社の役務提供は、「国内及び国内以外の地域にわたって行われる役務の提供」に当たる。

5 コメント

　本判決は、消費税法施行令6条2項6号の「国内及び国内以外の地域にわたって行われる役務の提供その他の役務の提供が行われた場所が明らかでないもの」の意義について明らかとし、その事実認定、あてはめをしたものとして参考になります。

　国内及び国外にわたって行われる役務の提供については、判断が難しい事例も多くあります。国税庁は、例として、「国内の事業者から特定国の市場調査を請け負い、国外で市場調査を行い、日本で調査結果を分析し報告書を作成する取引は、国内及び国外にわたって行われる役務の提供に該当し、国内対応部分と国外対応部分の対価が契約において合理的に区分されている場合は、その区分されて

いるところによりますが、それぞれの対価が合理的に区分されていない場合には、役務の提供を行う者の役務の提供に係る事務所等の所在地で内外判定を行います。」としています[25]。そのため、国内と国外の役務の提供とその対価が合理的に区分されているかを判断することがまず重要となります。一方で、海外で行うプラント建設工事の内外判定について、国税庁消費税課の相談事例で以下のものがあります[26]。相談事例の問は下記のとおりです。

（問）当社は、次のとおり外国の法人Ａ社から現地（海外）でのプラント建設工事を一括して請け負い、当該建設工事をそのまま国内のＢ社に発注したが、当該取引は国内取引に該当するか、それとも国外取引に該当するか。

〔請負契約の内容〕
1　プラントの受渡条件………現地での完成後受渡し
2　本邦調達資材の輸出申告名義人………当社
3　契約金額等
　・エンジニアリング　　　　　　　　　５０
　・資材（国内から調達）資材の８０％　２４０
　・資材（国外から調達）資材の２０％　　６０
　・土木、据付業務　　　　　　　　　１２０
　・試運転　　　　　　　　　　　　　　２０
　・トレーニング　　　　　　　　　　　１０
　　　　　　　　　　　　　　　　５００（税抜）

---

[25]　国税庁タックスアンサー「No.6210 国外取引」
https://www.nta.go.jp/taxes/shiraberu/taxanswer/shohi/6210.htm
[26]　国税庁消費税課「消事例3302 第2 内外判定 2－27 海外で行うプラント建設工事の内外判定」消費税審理事例検索システム（平成12年）TAINSコード消費事例003302

　上記の問に対して、以下のとおり回答が示されています。

> 　質問の取引は、その全体をプラント建設工事として一括して請け負っているものである。このような請負契約にあっては、契約書において細部の金額の明細が判明したとしても、個々に抜き出して内外判定をする必要はなく、契約全体で内外判定をすることとなるから（中略）法第4条第3項第2号《役務の提供が国内において行われたかどうかの判定》によりその役務の提供場所が国外であることから国外取引に該当することとなる。（後略）

　本件のスポンサー契約について、判決では契約書の条項を細部にわたって検討していますが、この相談事例のように海外での業務を一括して請け負っている契約と認定された場合は、細部の金額の明細が判明していたとしても個々に抜き出して判断する必要はないという結論もあり得るものと思われます。役務提供場所が問題となった場合は、本事例の法令解釈とともに、この相談事例の回答も念頭において、事実を精査する必要があるといえるでしょう。

　なお、電気通信利用役務の提供については、その役務の提供が国内の事業者・消費者に対して行われるものについては、国内・国外いずれから行われるものも国内取引として消費税が課税されることとされています（消費税法2条1項8号の3、同法4条3項3号）。

6 税務調査での対応

　税務調査において、国税職員から、役務提供が国内と国外にわたっており、役務の対価が国内と国外に合理的に区別されていないと指摘を受けた場合、まず、国税職員の主張どおり、役務が国内と国外で提供されているのか、役務の対価が国内と国外で区分されていないかを検討します。また、海外の業務を一括して請け負っている契約といえないか、逆に国内の業務を一括して請け負っている契約といえないかも同時に検討することになるでしょう。対価が区分されていれば国内での役務に対応する対価のみが消費税の課税対象になりますので、事実関係を慎重に調査することになります。

　このような国内と国外にわたる役務を対象とする場合、契約を締結する段階で、役務の内容と提供場所、その価格を合理的に区分しておくことが、将来の税務署との見解の相違を予防することになります。そのため、契約締結段階でも、この消費税の取扱いに留意しておくことが重要です。

国税職員

この契約の取引は、国内と国外にわたる役務提供であり、契約書において対価が国内と国外で合理的に区分されていませんので、消費税の課税対象取引になります。

当該契約は、海外での業務を一括して請け負ったものですので、契約全体として国外取引として判断されるのではないでしょうか。

経理担当者

契約書を確認しましたが、税務署としては海外での業務を一括して請け負った契約とは考えていません。

国税職員

仮に海外での業務を一括して請け負った契約と認められないとしても、契約書に添付した明細において対価は合理的に区分されています。契約書に添付した明細を証拠として提出しますので、確認してください。

経理担当者

　このような場合に、納税者が契約書明細での国内と国外での対価の区分では納得できず、海外での業務を一括して請け負った契約として税務処理をするためには、不服申立手続きをすることになります。

第8節

相続税法上の時価（相続税法 22 条）

1 問題の所在

　相続税法 22 条は、相続等により取得した財産の価額は、当該財産の取得の時における時価によると定めています。

　実務上、相続財産の時価は、財産評価基本通達で評価することとされています。しかし、財産評価基本通達 6 項は、同通達によって評価することが著しく不適当と認められる財産の価額は、国税庁長官の指示を受けて評価するとされています。

　そのため、相続税法 22 条の時価について、財産評価基本通達で評価することが著しく不適当と認められる場合とはどのような場合か、問題となります。

　そこで、財産評価基本通達によらない財産評価について判示した最判令和 4 年 4 月 19 日裁判所ウェブサイトを取り上げて、その法律的な考え方を紹介します。

2 事案の概要

平成21年1月30日：甲不動産購入

甲

※Aは当時90歳

購入価格：8億3,700万円
借入金：6億3,000万円

平成21年12月25日：乙不動産購入

乙

※Aは当時91歳

購入価格：5億5,000万円
借入金：4億2,500万円

平成24年6月17日：A死去（94歳）

平成25年3月7日：乙不動産売却

乙

売却価格：5億1,500万円

※略語
本件各不動産：甲不動産、乙不動産
本件購入・借入れ：本件各不動産の購入及びその購入資金の借入れ

　Aは、平成21年1月30日付で信託銀行から6億3,000万円を借り入れた上、同日付で甲不動産[27]を代金8億3,700万円で購入しま

---

[27]　第1審（東京地判令和元年8月27日金商1583号40頁）では、JR中央線P駅から徒歩約5分に立地する共同住宅（44戸）及び保育園（1戸）として利用されている建物と認定されています。

した。

　Aは、平成21年12月21日付で共同相続人らのうちの1名から4,700万円を借り入れ、同月25日付で信託銀行から3億7,800万円を借り入れた上、同日付で乙不動産[28]を代金5億5,000万円で購入しました。

　Aとその相続人であるXらは、上記2件の不動産の購入と借入れは、近い将来発生することが予想されるAからの相続においてXらの相続税の負担を減じ又は免れさせるものであることを知り、かつ、これを期待して、あえて企画して実行したものです[29]。

　Aは、平成24年6月17日に94歳で亡くなりました。

　なお、Xらのうち乙不動産を相続した相続人は、平成25年3月7日付で乙不動産を代金5億1,500万円で第三者に売却しました。

　Xらは、財産評価基本通達の定める方法により、甲不動産の価額を2億4万1,474円、乙不動産の価額を合計1億3,366万4,767円と評価した上、平成25年3月11日、相続税の申告書を提出しました。当該申告書においては、課税価格の合計額は2,826万1,000円とされ、基礎控除の結果、相続税の総額は0円とされていました[30]。

---

[28]　第1審では、JR東海道本線Q駅から徒歩約13分に立地する共同住宅として利用されている39個の専有部分からなる建物と認定されています。

[29]　第1審では、当該信託銀行が平成21年1月30日付貸付の際に作成した貸出稟議書には「相続対策のため不動産購入を計画。購入資金につき、借入の依頼があったもの。」との記載があり、平成21年12月25日付貸付の際に作成した貸出稟議書には「相続対策のため本年1月に630百万円の富裕層ローンを実行し不動産購入。前回と同じく相続税対策を目的として第2期の収益物件購入を計画。購入資金につき、借入の依頼があったもの。」との記載があったと認定されています。

[30]　本件購入・借入れがなかったとすれば、本件相続に係る相続税の課税価格の合計額は6億円を超えるものであったと認定されています。

　国税庁長官は、平成 28 年 3 月 10 日付で、Z 国税局長に対し、甲不動産及び乙不動産について、財産評価基本通達 6 項により、財産評価基本通達の定める方法によらず、他の合理的な方法によって評価することとの指示をしました。

　Y 税務署長は、上記指示により、平成 28 年 4 月 27 日付で、X らに対し、不動産鑑定士が不動産鑑定評価基準により相続開始時における不動産の正常価格として算定した鑑定評価額に基づき、甲不動産の価額が合計 7 億 5,400 万円、乙不動産の価額が合計 5 億 1,900 万円であることを前提とする各更正処分（相続に係る課税価格の合計額を 8 億 8,874 万 9,000 円、相続税の総額を 2 億 4,049 万 8,600 円とするもの）及び過少申告加算税の賦課決定処分をしました。

　X らが、各更正処分と各賦課決定処分の取消しを求めた事案です。

	相続開始時の財産評価	
	X ら（財産評価基本通達）	Y 税務署長（不動産鑑定評価基準）
甲不動産	2 億 0,004 万 1,474 円	7 億 5,400 万 0,000 円
乙不動産	1 億 3,366 万 4,767 円	5 億 1,900 万 0,000 円
相続税額	0 円	2 億 4,049 万 8,600 円

3 争　点

甲不動産、乙不動産の相続税法 22 条の時価はどのように評価すべきか。

4 判 旨

(1) 法令解釈
ア 相続税法 22 条の時価

　裁判所は、まず相続税法 22 条の解釈について、以下のとおり判示しました。

相続税法 22 条の趣旨
相続税法 22 条は、相続等により取得した財産の価額を当該財産の取得の時における時価によるとするが、ここにいう時価とは当該財産の客観的な交換価値をいうものと解される。

相続税法 22 条の時価とは

客観的な交換価値をいう。

　そのうえで、通達による財産評価については以下のとおり判示し、国民を直接拘束しないとしました。

通達の意義
評価通達は、上記の意味における時価の評価方法を定めたものであるが、上級行政機関が下級行政機関の職務権限の行使を指揮するために発した通達にすぎず、これが国民に対し直接の法的効力を有するというべき根拠は見当たらない。

　これらの判示から導かれる帰結として、財産評価基本通達を上回る時価評価の違法性について、以下のとおり判示します。

通達を上回る時価評価の違法性
本件各更正処分に係る課税価格に算入された本件各鑑定評価額は、本件各不動産の客観的な交換価値としての時価であると認められるというのであるから、これが本件各通達評価額を上回るからといって、相続税法22条に違反するものということはできない。

評価通達とは

上級行政機関が下級行政機関の職務権限の行使を指揮するためのもの。

 したがって

本件各鑑定評価額は、本件各不動産の客観的な交換価値としての時価であると認められるのであるから、これが本件各通達評価額を上回るからといって、相続税法22条に違反するものということはできない。

イ　平等原則違反

　しかし、上記の判示では、納税者が財産評価基本通達で評価したにもかかわらず、課税庁がそれとは異なる時価を自由に認定することも可能となってしまい、実務で通用している財産評価基本通達による評価額の位置づけが問題となります。それについて、裁判所は、平等原則から判断基準を導き出します。

まず、租税法上の一般原則としての平等原則について、以下のとおり判示します。

租税法上の一般原則としての平等原則
租税法上の一般原則としての平等原則は、租税法の適用に関し、同様の状況にあるものは同様に取り扱われることを要求するものと解される。

租税法上の一般原則としての平等原則

租税法の適用に関し、同様の状況にあるものは同様に取り扱われることを要求するもの

次に財産評価基本通達と平等原則の関係について、以下のとおり判示し、合理的な理由がない限り、評価通達によらない評価額は平等原則に反して違法とします。

通達と平等原則
評価通達は相続財産の価額の評価の一般的な方法を定めたものであり、課税庁がこれに従って画一的に評価を行っていることは公知の事実であるから、課税庁が、特定の者の相続財産の価額についてのみ評価通達の定める方法により評価した価額を上回る価額によるものとすることは、たとえ当該価額が客観的な交換価値としての時価を上回らないとしても、合理的な理由がない限り、上記の平等原則に違反するものとして違法というべきである。

　そして、合理的な理由があり、平等原則違反にならない場合について、以下のとおり一つの例を示します。

平等原則違反とならない場合

相続税の課税価格に算入される財産の価額について、評価通達の定める方法による画一的な評価を行うことが実質的な租税負担の公平に反するというべき事情がある場合には、合理的な理由があると認められるから、当該財産の価額を評価通達の定める方法により評価した価額を上回る価額によるものとすることが上記の平等原則に違反するものではないと解するのが相当である。

　したがって、この法令解釈で示された「評価通達の定める方法による画一的な評価を行うことが実質的な租税負担の公平に反するというべき事情」がある場合か否かを、判断することとなります。

課税庁が評価通達に従って画一的に評価を行っていることは
公知の事実

課税庁が、特定の者の相続財産の価額についてのみ評価通達の定める方法により評価した価額を上回る価額によるものとすることは、**合理的な理由**がない限り、上記の平等原則に違反するものとして違法

評価通達の定める方法による画一的な評価を行うことが実質的な租税負担の公平に反するというべき事情がある場合には、**合理的な理由があり、平等原則に違反するものではない**

（2）事実認定・あてはめ

　裁判所は、まず通達評価額と鑑定評価額の乖離が上記の事情に該当するかについて、以下のとおり判示します。

通達評価額と鑑定評価額の乖離
本件各通達評価額と本件各鑑定評価額との間には大きなかい離があるということができるものの、このことをもって上記事情があるということはできない。

　裁判所は、価格の乖離だけでは、評価通達の定める方法による画一的な評価を行うことが実質的な租税負担の公平に反するというべき事情には該当しないとします。

　次に本件の経緯について評価します。まず客観的な事実について摘示し、評価します。

本件購入・借入れと租税負担の軽減の程度
本件購入・借入れが行われなければ本件相続に係る課税価格の合計額は6億円を超えるものであったにもかかわらず、これが行われたことにより、本件各不動産の価額を評価通達の定める方法により評価すると、課税価格の合計額は2,826万1,000円にとどまり、基礎控除の結果、相続税の総額が0円になるというのであるから、Xらの相続税の負担は著しく軽減されることになるというべきである。

　次にAとXの主観（租税回避の意図）について摘示し、評価します。

A 及び X の租税負担軽減の意図

A 及び X らは、本件購入・借入れが近い将来発生することが予想される A からの相続において X らの相続税の負担を減じ又は免れさせるものであることを知り、かつ、これを期待して、あえて本件購入・借入れを企画して実行したというのであるから、租税負担の軽減をも意図してこれを行ったものといえる。

　以上の客観的事実と主観的事実を指摘したうえで、以下のとおり判示します。

実質的な租税負担の公平に反するというべき事情

本件各不動産の価額について評価通達の定める方法による画一的な評価を行うことは、本件購入・借入れのような行為をせず、又はすることのできない他の納税者と X らとの間に看過し難い不均衡を生じさせ、実質的な租税負担の公平に反するというべきであるから、上記事情があるものということができる。

主観面

X らは租税負担の軽減をも意図して本件購入・借入れを行った。

客観面

X らの相続税の負担は著しく軽減されることになった。

裁判所の評価

評価通達の定める方法による画一的な評価を行うことは、本件購入・借入れのような行為をせず、又はすることのできない他の納税者と X らとの間に看過し難い不均衡を生じさせ、実質的な租税負担の公平に反する。

5 コメント

　本判決は、①相続税法 22 条の時価に該当するか否か、②平等原則に反しないかの 2 点から財産評価の違法性を評価するとしたものと理解できます。なお、財産評価基本通達 6 項についての言及は一切ないため、同項の解釈は示されていません。

　ここで、平等原則に違反しない合理的な理由がある場合として例示された評価通達の定める方法による画一的な評価を行うことが、実質的な租税負担の公平に反するというべき事情がある場合がどのような場合に該当するかが、今後あてはめで問題になることとなります。

　裁判所の判示をみる限り、租税負担軽減の意図とその実行により相続税の負担が著しく軽減される場合は、この事情に該当すると判断したものと解されます。裁判所は、租税負担軽減を意図して財産評価基本通達を適用しようとする場合には、比較的容易に財産評価基本通達による評価によらないことを認める可能性を示したものとも理解できます。今後の裁判例の蓄積を待つこととなりますが、裁判所は、納税者に租税負担軽減の意図がある場合について、他の納税者との公平の観点から、厳しい姿勢をとっているのではないかと思われます。

　なお、本判決については、拙稿「財産評価基本通達と租税回避—最高裁令和 4 年 4 月 19 日判決を題材として—」阪大法学 72 巻 3・4 号（2022）219 頁以下で詳しく検討していますので、興味のある方はご参照ください[31]。

---

[31]　阪大法学の拙稿は、下記 web サイトにて pdf で閲覧が可能です。
　　https://doi.org/10.18910/89714

6 税務調査での対応

　税務調査において、国税職員から実質的な租税負担の公平に反する事情があるとして財産評価基本通達6項に基づいて相続財産の評価をすると言われた場合、国税職員が主張する事情が実質的な租税負担の公平に反するものであるのか、当該事実が認められるのかを検討することになります。主観面、客観面双方から検討し、国税職員の主張に対する反論を組み立てていくことになります。証拠としては、不動産を購入する当時の動機が分かるもの、融資に係る書面や事業計画書などが考えられます。

実質的な租税負担の公平に反する事情がありますので、財産評価基本通達6項に基づいて評価します。

国税職員

納税者

たしかに、不動産を購入した結果として相続税の税負担が減少していますが、私と被相続人に相続税の租税負担を軽減させる意図があったわけではありません。当時は不動産を購入して被相続人の個人事業に生かす理由がありました。被相続人の年齢からしても、あと 20 年程度は個人事業に生かす予定でした。突然の相続開始によってこのようなこととなってしまいましたが、被相続人も私も租税負担を軽減させる意図はありませんでしたので、実質的な租税負担の公平に反する事情があったとは思われません。

当時の事業計画書を証拠として提出しますので、確認してください。

納税者

　不動産を購入してから相続開始までの期間も重要な考慮要素になります。

　例えば、被相続人が購入してから7年程度が経過してから相続開始となった場合、不動産の状況や、価格の情勢も変わっており、また当初の租税負担を軽減させる意図についても時間の経過により、当初意図したものとは異なる状況になっているものと考えられます。

国税職員

実質的な租税負担の公平に反する事情がありますので、財産評価基本通達6項に基づいて評価します。

不動産を購入してから7年が経過しており、その間に被相続人は、不動産を活用し、不動産事業を行っています。当初、被相続人が意図していた租税負担を軽減させる方法と現在の利用状況は大分異なっており、租税負担を軽減させる意図と現在の状況は結びつきません。そのため、実質的な租税負担の公平に反する事情はありません。

納税者

地方税法上の時価
（地方税法 341 条 5 号）

1 問題の所在

　地方税法 349 条 1 項は、土地又は家屋に対して課する固定資産税の課税標準を当該土地又は家屋の基準年度に係る賦課期日における価格で土地課税台帳等又は家屋課税台帳等に登録されたものとし（登録価格）、同法 341 条 5 号は、ここでの価格とは、適正な時価をいうと定めています。さらに同法 403 条は、市町村長は、固定資産評価基準によって固定資産の価格を決定しなければならないとしています。

　そのため、登録価格が、固定資産評価基準に従って決定されていない場合や、固定資産評価基準によって算出された価額が時価を上回る価格となった場合、その適法性はどのように判断するのかが問題になります。

　そこで、地方税法 341 条 5 号の適正な時価と登録価格の関係について判示した最判平成 25 年 7 月 12 日民集 67 巻 6 号 1255 頁を取り上げて、その法律的な考え方を紹介します。

土地　　固定資産評価基準で評価しない場合とは？

2 事案の概要

　東京都府中市内の建物を共有し、その敷地権に係る固定資産税の納税義務を負うXが、府中市長により決定され土地課税台帳に登録された上記敷地権の目的である各土地の平成21年度の価格について、府中市の都市計画において建ぺい率と容積率が制限されているにもかかわらず、これを考慮していないとして府中市固定資産評価審査委員会に対して、審査の申出をしたところ、これを棄却する決定を受けたため、その取消しを求めた事案です。

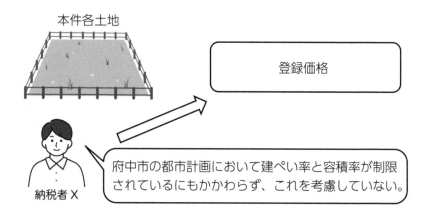

本件各土地

登録価格

納税者X

府中市の都市計画において建ぺい率と容積率が制限されているにもかかわらず、これを考慮していない。

※　原判決（東京高判平成23年10月20日判例地方自治375号33頁）は、提出された証拠から算定した適正な時価は登録価格を上回るとして、Xの請求を棄却しました。

3 争　点

登録価格が違法となる場合はどのような場合か。

4 判　旨

（1）法令解釈
ア　適正な時価の意義

　裁判所は、まず、適正な時価の意義について、以下のとおり判示します。

適正な時価の意義
（地方税法 341 条 5 号の）適正な時価とは、正常な条件の下に成立する当該土地の取引価格、すなわち、客観的な交換価値をいうと解される。したがって、土地の基準年度に係る賦課期日における登録価格が同期日における当該土地の客観的な交換価値を上回れば、その登録価格の決定は違法となる。

　第8節で紹介した相続税法 22 条の時価と同じく、時価とは客観的な交換価値をいうとし、登録価格が客観的な交換価値を上回れば違法とします。

適正な時価

客観的な交換価値

したがって

登録価格が客観的な交換価値を上回れば違法となる。

イ　登録価格と固定資産評価基準との関係

　次に固定資産評価基準を定め、固定資産評価基準によって、固定資産の価格を決定しなければならないと定めた趣旨について、以下のとおり判示します。

固定資産評価基準によって 価格を決定しなければならないと定めた趣旨
（地方税法 388 条 1 項及び同法 403 条 1 項が評価基準によって固定資産の価格を決定しなければならないと定めていること）は、全国一律の統一的な評価基準による評価によって、各市町村全体の評価の均衡を図り、評価に関与する者の個人差に基づく評価の不均衡を解消するために、固定資産の価格は評価基準によって決定されることを要するものとする趣旨であると解される。

　上記で判示した趣旨を踏まえて、以下のとおり、固定資産評価基準に従って評価を受ける利益があると判示します。

固定資産評価基準によって評価を受ける利益

これらの地方税法の規定及びその趣旨等に鑑みれば、固定資産税の課税においてこのような全国一律の統一的な評価基準に従って公平な評価を受ける利益は、適正な時価との多寡の問題とは別にそれ自体が地方税法上保護されるべきものということができる。

　上記を踏まえて、登録価格と固定資産評価基準との関係について以下のとおり判示します。

登録価格が固定資産評価基準によって決定される価格を上回る場合

土地の基準年度に係る賦課期日における登録価格が評価基準によって決定される価格を上回る場合には、同期日における当該土地の客観的な交換価値としての適正な時価を上回るか否かにかかわらず、その登録価格の決定は違法となるものというべきである。

　したがって、登録価格が、固定資産評価基準によって決定される価格を上回る場合は、違法と評価されます。この点は、**第8節**で紹介した相続税法22条の財産評価基本通達による評価額と異なる点です。

　相続税法22条では、相続財産の評価額が財産評価基本通達による評価額を上回る場合であっても、直ちに違法と評価されるわけではありません。財産評価基本通達が通達にすぎないのに対し、固定資産評価基準は上記のとおり地方税法に根拠を持つものであることが、この違いをもたらしているものと考えられます。

評価基準に従って公平な評価を受ける利益は、地方税法上保護される。

したがって

登録価格が評価基準によって決定される価格を上回る場合、

登録価格の決定は違法となる。

ウ　固定資産評価基準と適正な時価との関係

　さらに、固定資産評価基準に従って決定された価格と適正な時価との関係について、以下のとおり判示します。

固定資産評価基準によって決定された価格と時価
評価対象の土地に適用される評価基準の定める評価方法が適正な時価を算定する方法として一般的な合理性を有するものであり、かつ、当該土地の基準年度に係る賦課期日における登録価格がその評価方法に従って決定された価格を上回るものでない場合には、その登録価格は、その評価方法によっては適正な時価を適切に算定することのできない特別の事情の存しない限り、同期日における当該土地の客観的な交換価値としての適正な時価を上回るものではないと推認するのが相当である。

　裁判所は、地方税法における登録価格と時価との関係を明らかとし、登録価格が違法となる場合の要件を明示しました。

評価基準の定める評価方法が適正な時価を算定する方法として一般的な合理性を有するものである。

 かつ

登録価格がその評価方法に従って決定された価格を上回るものでない。

その評価方法によっては適正な時価を適切に算定することのできない特別の事情がない。

登録価格は、適正な時価を上回るものではないと推認する。

エ　登録価格が違法となる要件

　裁判所は、上記で判示した要件を整理し、登録価格が違法となる場合について、以下のとおり判示します。

登録価格が違法となる場合
土地の基準年度に係る賦課期日における登録価格の決定が違法となるのは、当該登録価格が、①当該土地に適用される評価基準の定める評価方法に従って決定される価格を上回るとき（上記**イ**の場合）であるか、あるいは、②これを上回るものではないが、その評価方法が適正な時価を算定する方法として一般的な合理性を有するものではなく、又はその評価方法によっては適正な時価を適切に算定することのできない特別の事情が存する場合（上記**ウ**の推認が及ばず、又はその推認が覆される場合）であって、同期日における当該土地の客観的な交換価値としての適正な時価を上回るとき（上記**ア**の場合）であるということができる。

179

```
┌─────────────────────────────────────────────────────────┐
│  ┌───────────────────────────────────────────────────┐  │
│  │          登録価格の決定が違法となる場合            │  │
│  └───────────────────────────────────────────────────┘  │
│  ┌───────────────────────────────────────────────────┐  │
│  │  ┌─────────────────────────────────────────────┐  │  │
│  │  │    ①登録価格と適正な時価との比較不要        │  │  │
│  │  └─────────────────────────────────────────────┘  │  │
│  │   評価基準の定める評価方法に従って決定される       │  │
│  │   価格を上回るとき                                  │  │
│  └───────────────────────────────────────────────────┘  │
│  ┌───────────────────────────────────────────────────┐  │
│  │  ┌─────────────────────────────────────────────┐  │  │
│  │  │    ②登録価格が適正な時価を上回るとき        │  │  │
│  │  └─────────────────────────────────────────────┘  │  │
│  │   イ）その評価方法が適正な時価を算定する方法と      │  │
│  │       して一般的な合理性を有するものではない場合    │  │
│  │   ロ）その評価方法によっては適正な時価を適切に      │  │
│  │       算定することのできない特別の事情が存する場合  │  │
│  └───────────────────────────────────────────────────┘  │
└─────────────────────────────────────────────────────────┘
```

（2）事実認定・あてはめ

　裁判所は、原判決[32] は上記**（1）エ①**の場合にあたるか否か（これには建ぺい率及び容積率の制限に係る評価基準における考慮の要否や在り方などを含む）の判断が必要であるところ、これを不要であるとして審理判断しておらず、審理不尽の違法があるとして、原審に差し戻しました。

　差戻し後の控訴審[33] では、府中市の都市計画により建ぺい率と容積率が制限されていることが減価要因として考慮されていないとして、これらの制限を減価要因として適切の考慮した場合の土地の登録価格は、実際に府中市長によって決定された登録価格よりも下回るものとなるはずであるとして、登録価格の決定は違法であるとしました。

---

[32]　東京高判平成 23 年 10 月 20 日判例地方自治 375 号 33 頁
[33]　東京高判平成 26 年 3 月 27 日判例地方自治 385 号 36 頁

5 コメント

　本判決によって、地方税法上の時価と固定資産評価基準との関係が明らかにされました。

　相続税法 22 条の時価と同じ客観的な交換価値が時価ではありますが、財産評価基本通達とは異なり、固定資産評価基準に従って算出された登録価格は適正な時価と推認され、その評価方法が適正な時価を算定する方法として一般的な合理性を有するものではなく、又はその評価方法によっては適正な時価を適切に算定することのできない特別の事情が存する場合であり、かつ、同期日における当該土地の客観的な交換価値としての適正な時価を上回るときに違法となるとして、固定資産評価基準に従っている限り、ほとんど違法となることがないものとなっています。さらに、適正な時価を上回るか否かとは関係なく、固定資産評価基準に従って公平な評価を受ける利益は、それ自体が保護されるとして固定資産評価基準によって決定される価格を上回る場合は違法となるとしています。これを平等原則によって保護されている利益と考えることもできますが、現時点では相続税法 22 条の時価の法令解釈とは異なるものとなっていますので、留意が必要です。

　なお、地方税法上の家屋の時価については、拙稿「固定資産税における家屋の時価」税法学 585 号（2021）239 頁以下で詳しく検討していますので、興味のある方はご参照ください。

6 納税通知書への対応

　地方税は、賦課課税方式ですので、自ら申告するわけではありません。市役所等から届いた納税通知書に記載されている固定資産の評価額に疑問を持った場合は、本ケースの要件にしたがって、固定資産評価基準の定める評価方法に従っているか等を検討することになります。

　市役所等から届いた納税通知書の記載内容だけではよく分からない場合、担当職員に対し内容の説明を求めたり、その内容では納得できない場合は、審査の申出をすることになります。審査の決定書は、法的三段論法によって課税内容を説明するものになります。

　なお、土地や家屋の価格は、3年ごとに評価替えをします（地方税法409条1項）。評価替えをした年度を基準年度とし、基準年度の評価額が原則として2年度、3年度に据え置かれます（地方税法349条2項、3項）。そのため、土地や家屋について審査の申出ができるのは、原則として基準年度のみになります（地方税法432条1項但書）。

著　者

吉田　正毅（よしだまさたけ）

2004 年　　慶應義塾大学理工学部物理情報工学科卒業
2007 年　　大阪大学大学院高等司法研究科修了
2007 年　　最高裁判所司法研修所（実務修習地：那覇）
2008 年　　弁護士登録（第二東京弁護士会）
2013 年〜2016 年　　名古屋国税不服審判所　国税審判官
2016 年　　渋谷法律事務所（現任）
2019 年〜2023 年　　第二東京弁護士会調査室嘱託
2023 年　　神奈川大学大学院非常勤講師（現任）

受賞
第 38 回日税研究賞（2015 年 7 月）

主なセミナー実績
2022 年 7 月　神奈川大学大学院法学研究科「弁護士から見た税法の考え方」
2022 年 4 月　東北税理士会秋田県支部連合会・東北税協共済会「税務調査対応の
　　　　　　事実認定入門」
2021 年 1 月　日本税法学会関東地区研究会「研究報告（判例研究）－売買が成立
　　　　　　しない建物の固定資産税評価額が争われた事件－」

主な著作
『税務調査対応の「事実認定」入門』（2020 年、ぎょうせい）
「財産評価基本通達と租税回避―最高裁令和 4 年 4 月 19 日判決を題材として―」
（阪大法学第 72 巻第 3・4 号（2022 年））
「固定資産税における家屋の時価」（税法学 585 号（2021 年））
「重加算税－事実の隠ぺい・仮装と税法上の評価誤り（上）（下）」（月刊税理 2016
年 11 月号 12 月号）
「貸倒損失と取締役に対する損害賠償請求権」（月刊税理 2016 年 10 月号）
「平成 26 年会社法改正と企業の収益性の向上に関する一考察」（旬刊速報税理
2016 年 8 月 11 日号）
「重加算税―特段の行動の類型―（上）（下）」（月刊税理 2016 年 6 月号 7 月号）

図解
税務調査対応の法的反論マニュアル

令和5年3月30日 初版発行
令和6年9月10日 初版2刷

検印省略

日本法令 ®

〒101-0032
東京都千代田区岩本町1丁目2番19号
https://www.horei.co.jp/

著 者	吉 田 正 毅
発行者	青 木 鉱 太
編集者	岩 倉 春 光
印刷所	日 本 ハ イ コ ム
製本所	国 宝 社

（営 業） TEL 03-6858-6967 Ｅメール syuppan@horei.co.jp
（通 販） TEL 03-6858-6966 Ｅメール book.order@horei.co.jp
（編 集） FAX 03-6858-6957 Ｅメール tankoubon@horei.co.jp

（オンラインショップ） https://www.horei.co.jp/iec/
（お 詫 び と 訂 正） https://www.horei.co.jp/book/owabi.shtml
（書 籍 の 追 加 情 報） https://www.horei.co.jp/book/osirasebook.shtml

※万一、本書の内容に誤記等が判明した場合には、上記「お詫びと訂正」に最新情報を掲載しております。ホームページに掲載されていない内容につきましては、FAXまたはEメールで編集までお問合せください。

ISBN 978-4-539-72973-1

税理士業務、企業実務に役立つ情報提供Webサービス

税理士情報サイト

Tax Accountant Information Site

https://www.horei.co.jp/zjs/

税理士情報サイトとは

「業務に役立つ情報を少しでも早く入手したい」
「業務で使える規定や書式を手軽にダウンロードしたい」
「日本法令の商品・セミナーを割引価格で利用したい」
などといった税理士の方のニーズにお応えする、
"信頼" と "実績" の総合 Web サービスです。

税理士情報サイト
Tax Accountant Information Site

税理士情報サイトの

1 税理士業務書式文例集

税理士事務所の運営に必要な業務書式はもちろん、関与先企業の法人化の際に必要となる定款・議事録文例、就業規則等各種社内規程、その他税務署提出書式まで、約500種類の書式が、編集・入力が簡単なWord・Excel・Text形式で幅広く収録されています。

●主な収録書式
各種案内・挨拶文例／業務処理書式／決算処理書式／税務署提出書式／労務書式／身元保証書等書式／取締役会議事録／株主総会議事録／売買契約書文例／賃貸借・使用貸借契約書文例／金銭消費貸借契約書文例／税理士法人関係書式／会計参与関係書式 ほか多数

2 ビジネス書式・文例集

企業の実務に必要となる書式、官庁への各種申請・届出様式、ビジネス文書、契約書等、2,000以上の書式・文例をWEB上でダウンロードすることができます（Microsoft Word・Microsoft Excel・PDF形式）。

●主な収録書式
社内外で必要とされるビジネス文書約600文例／契約書約270文例／内容証明約470文例／会社規定19文例／各種申請書約800書式

3 電子書籍の無料提供

税理士にとって日頃の情報収集は必要不可欠。そこで、税理士情報サイトの有料会員向けに、年間に数冊、日本法令発刊の税理士向け書籍のWEB版（PDFファイル形式）を無料提供します。

4 ビジネスガイドWEB版

会社の総務・経理・人事で必要となる企業実務をテーマとした雑誌「月刊ビジネスガイド」のWEB版を無料で購読できます。

お役立ちコンテンツ

5 税理士向け動画セミナー

無料会員向けの「セレクト動画」、有料会員向けの「プレミア動画」で、著名な税理士、弁護士、学者やその道のプロが、タイムリーなテーマを深く掘り下げてレクチャーします。いつでも時間が空いた時に視聴可能です。

6 税制改正情報ナビ

毎年度の税制改正に関する情報を整理し、詳しく解説します。税制改正に関する日々のニュース記事の配信と、日本法令刊『よくわかる税制改正と実務の徹底対策』WEB版、さらにはその著者による詳細な解説動画で、いち早く今年度改正の要点を押さえましょう！

7 税務判決・裁決例アーカイブ

税理士業務遂行上、さまざまな税務判断の場面で役立てたいのが過去の税務判決・裁決例。ただ、どの事例がどこにあるのか、探すのはなかなか一苦労だし、イチから読むのは時間がかかる…。そこで、このアーカイブでは「キーワード検索」と「サマリー」を駆使することで、参照したい判決・裁決例をピンポイントで探し出し、スピーディーに理解することが可能となります。

8 モデルフォーム集

税理士業務におけるチェック漏れによるミスを未然に防ぐため、さまざまな税務のチェック表、確認表、チェックリストほか、日常業務で活用できるオリジナルのモデルフォーマットを提示します。

9 弊社商品の割引販売

日本法令が制作・販売する書籍、雑誌、セミナー、DVD商品、様式などのすべての商品・サービスをZJS会員特別価格〈2割引き〉で購入できます。高額な商品ほど割引額が高く、お得です！

税理士情報サイト
Tax Accountant Information Site

大淵博義教授×三木義一教授
税務判例批評

大淵博義中央大学名誉教授と三木義一青山学院大学名誉教授が
最近の注目判決について語り尽くす！

第11回　東京高裁令和4年8月25日判決等
　　　　　──調査終了時の説明義務懈怠と課税処分の効力

第12回　東京地裁令和6年1月18日判決
　　　　　──相続直後に売却された株式の評価

第13回　広島地裁令和6年1月10日判決
　　　　　──損失補償金か賃借人としての地位の譲渡か

税理士情報サイトで、続々配信

税理士情報サイト　お申込みの手順

① WEBで「税理士情報サイト」を検索
② トップページ右上の「新規会員登録」をクリック
③ 「無料会員登録」or「有料会員登録」を選択

[無料会員登録]

④ 「個人情報方針」への「同意」をチェックして「申込ページ」へ。
⑤ お名前とメールアドレスを入力して、お申込み完了。
⑥ お申込みを確認後、ご登録いただいたメールアドレス宛に、「ログインID（会員番号）：弊社が設定した5ケタの半角数字」と「パスワード：お客様が設定した8文字以上の半角英数字」をご連絡いたします。

[有料会員登録]

有料会員年会費　税込 **29,700** 円

④ 「個人情報方針」、「会員規約」、「Japplic利用規約」への「同意」をチェックして「申込フォーム」へ。
⑤ 入会申込フォームに必要事項を入力、お申込み。
⑥ お申込みを確認後、弊社から請求書と郵便振込用紙（払込取扱票）をお送りいたしますので、所定の年会費をお振り込みください。お振込みを確認後、ご登録いただいたメールアドレス宛に、「ログインID（会員番号）：弊社が設定した5ケタの半角数字」と「パスワード：お客様が設定した8文字以上の半角英数字」をご連絡いたします。

日本法令®　お問合せ
〒101-0032　東京都千代田区岩本町1-2-19
　　　　　　　株式会社日本法令　ZJS会員係
　　　　　　　電話：03-6858-6965 FAX：03-6858-6968
　　　　　　　Eメール：sjs-z@horei.co.jp